谢谢你，肿瘤君

生きてるだけで価値がある

（日）松田阳子 著
赵函宏 译

新世界出版社
NEW WORLD PRESS

图书在版编目（CIP）数据

谢谢你，肿瘤君 / (日) 松田阳子著 ; 赵函宏译
. -- 北京 : 新世界出版社 , 2013.11
ISBN 978–7–5104–4699–3

Ⅰ . ①谢… Ⅱ . ①松… ②赵… Ⅲ . ①松田阳子－生平事迹 Ⅳ . ① K833.135.72

中国版本图书馆 CIP 数据核字 (2013) 第 265100 号
北京版权保护中心外国图书合同登记号：01–2013–5442

谢谢你，肿瘤君

策　　划：北京阳光博客文化艺术有限公司
作　　者：[日] 松田阳子
译　　者：赵函宏
责任编辑：刘　媛
责任印制：李一鸣　刘社涛
出版发行：新世界出版社
社　　址：北京西城区百万庄大街 24 号（100037）
发 行 部：(010) 6899 5968　　(010) 6899 8733（传真）
总 编 室：(010) 6899 5424　　(010) 6832 6679（传真）
http：//www.nwp.cn
http：//www.newworld-press.com
版 权 部：+8610 6899 6306　　**版权部电子信箱**：frank@nwp.com.cn
经　　销：新华书店　　**印　　刷**：三河市国新印装有限公司
开　　本：710mm × 1000mm 1/16　　**字　　数**：140 千字　　**印　　张**：11.5
版　　次：2013 年 12 月第 1 版　　**印　　次**：2013 年 12 月第 1 次印刷
书　　号：ISBN 978–7–5104–4699–3　　**定　　价**：36.00 元

目录

第 4 章

将宿命变为使命，坚强活下去

前言

“咕嘟咕嘟咕嘟……”当体内的管子突然被从口中拔出来的时候，我被一阵阵钻心的疼痛惊醒了。

这根管子到底有多长呢？在它被不断拔出的同时，我感觉自己的内脏几乎也都要被一起扯了出来。无尽的管子不断地从我身体中拔出，而我是那么痛苦……

“手术顺利结束了吗？”在麻醉药的作用下，我的意识很模糊，依稀听见有人在远远地哭喊着我的名字。“阳子！阳子！”是母亲的声音。

“妈妈……不是说好……不让你来的吗？”我断断续续地跟母亲说着。可我是真的说出这些话了吗？又或者是我在做梦呢？

我被推出了手术室。通向病房的走廊是那么长，我的意识又开始陷入模糊，而这次不是因为麻药的作用，而是因为剧烈的疼痛。那一刻，我真正体会到了什么叫做“生不如死”！

因为得了宫颈癌，我接受了“子宫全部切除”手术，而这距我被宣告患有癌症的日子仅仅一个月的时间！从那刻开始，我的生活如同过山车般滑向谷底，周围所有的一切都发生了翻天覆地的改变。

那是我 31 岁那年的春天，在本应晴朗明媚的日子里，震撼人生的巨大考验却突然向我袭来……

第 1 章

生存与子宫的抉择

改变我命运的奇怪“声音”

五月的一天，在我家附近街道的十字路口，我正倚靠在一岁女儿的婴儿车旁等待交通信号灯变绿。突然，一个声音从我头顶后上方传来：“快去医院！”这个声音仿佛并没有直入我的耳朵，而是在我头顶后方盘旋回响。我立刻回头观望，可是身后并没有谁在跟自己说话，只有一阵冷冷的微风吹过。

我向前望去，这个十字路口的不远处有一座综合公寓楼，而它的底层便是一家妇产科医院。“快去医院！”难道指的是这家医院吗？不可能！肯定是自己的心理作用！“也许是最近太累了吧？”我决定不去当真。

然而，我的心瞬间又开始不安起来。从小我的预感力就很强，有时候甚至能准确地预测到现实中将要发生的事情。记得在上小学时，有一天在上学的路上，当我走到一家正在施工的商店门口时，猛然听到有人在喊“小心！”于是我撒腿就跑，当我跑到马路对面回头一看，发现那家商店的广告牌重重地砸在了地上，而我幸运地躲过了这一劫！

“难道说刚才的……”正当我胡乱猜想时，背后又传来了那个奇怪的声音：“快去医院！”这个飘渺的声音既不像男人的声音，也不像女人的声音，但是它仿佛在冥冥之中告诉我：我必须马上去医院！

因为腰部的疼痛，我也曾在按摩医院接受过一段时间的治疗，但在生完孩子后的一年当中，我却几乎没有光顾过妇产科医院。

“或许我应该利用这个机会，做一下产后复查。”如此一想，我便轻松了许多，决定听从那个声音的旨意。于是，我走进了马路对面的那家医院。

说明妇科检查的来意之后，挂号处的工作人员问我：“妇科检查分为免费项目和个人可选择的收费项目两种，您选择哪一种？”

“只做免费项目就可以了。”我不假思索地回答。

在开始检查之前我好像填了一张身体状况问询表，但是具体的细节我已记不清楚了。当天所做的检查都是一些常规项目，如抽血和测血压等。其中有一项检查需要我躺在床上、分开两腿检查身体内部。虽然有些不情愿，但在生女儿时这些我都经历过了，因此也就很放松地接受了检查。

“顺便采集一些细胞，以便做宫颈癌的检测。”医生跟我讲到。

其实，那次检查的细节我都已记不太清，可不知为何，唯独医生的这句话令我至今记忆犹新。或许因为怀孕时我并没有接受这项检查，所以对“宫颈癌”这个词比较陌生，又或许当时那个奇怪的声音还在继续向我暗示着什么……

结束检查时，医生告诉我一周之后去取结果，可是回到家后，我就把这件事忘得一干二净。

子宫必须全部切除

这天，离检查结束不到一周，当我从外面购物回来之后，发现桌上电话的自动录音信号灯在不停地闪烁——有人留了言。我摁下播放键，好像是医院打来的电话："我想跟您谈谈检查结果，请立即回电话！"

"立即回电话"这句话至少重复了五六遍。奇怪，什么事情如此着急呢？检查结果这么快就出来了吗？可是，就算结果出来了，怎么会拿电话通知呢？电话里的声音那么急促，到底发生了什么事情？

我虽然觉得奇怪，但并没有太在意，决定先回电话问问。于是我放下手中的购物袋，拨通了医院的电话："您好，我是前几天接受检查的松田，我接到了您的电话留言。"

"啊，松田女士？我马上把电话转给医生！"接电话的是一个语速很快的女士，不容分说，对方就已经把电话转了过去，于是，话筒里立刻传来了医生的声音，没有任何开场白："松田女士，我不知道该怎么跟您说……您得了宫颈癌！”

“宫颈癌？”我双手紧握话筒，顿时惊呆了。

“病情关乎性命，所以，您的子宫必须全部切除！”医生继续说道。

医生说的“宫颈癌”是子宫癌症吗？我要切除子宫吗？医生所有的话我都能听明白，可是“癌症”这个词怎么会用在我自己身上呢？这到底是怎么回事儿？

我一直很健康，可现在我怎么就会患上癌症呢？况且，如此重要的事情，医院怎么可能会用电话通知呢？而且还是通知我本人！在我的印象中，当发现患上癌症之后，通常患者家属都会请求医院千万不要告诉患者本人，即使告诉也会采取很委婉的方式。可是，今天他们为何就这样直接告知我本人呢？我百思不得其解。

“通过前几天的细胞检查，我们发现您的细胞等级处于五期状态，所以可以肯定您的病情已经发展到了癌症的地步，而且很可能已经发生了转移……年轻患者的病情发展速度很快，所以您必须马上去大医院做进一步的周密检查，并且马上动手术！”电话里，医生一股脑地将所有的结果都告诉了我。

“如果不尽快做手术，就会有生命危险！”最后，医生再次强调。

我紧握话筒的双手开始疼痛，茫然地挂了电话后，医生所有的话语不真实地回绕在我耳边。

“我该怎么办？我该怎么办？”我的大脑一片空白，浑身开始发冷。我想挪动脚步，可是双腿却无论如何都不听使唤，许久，我都只是呆呆地站着。

“对了，我必须马上告诉我丈夫！”我拿起话筒想拨通丈夫的电话，可是手指却在不停地颤抖。宫颈癌？这不可能，绝对不可能！自己一定是在做梦！

“是我。”电话接通了，而我似乎仍在梦中一般，把医生的话一句一句地说给丈夫听：“那个，前几天我不是去做妇科检查了吗？刚才医生打来电话，说我……”

我无法再继续说下去。一想到我必须从自己口中说出“癌症”两个字，我的心都碎了，巨大的恐惧紧紧笼罩着我，我不知道自己该如何继续向丈夫讲述。

“医生说我……得了癌症……宫颈癌……”强忍着内心的悲痛讲完之后，我的眼泪顿时“哗”地滚落下来。

当时丈夫正在上班，在接到我的电话之后，他第一次那么快速地赶了回来。我看见丈夫满脸泪痕，一定是在回来的路上忍不住哭了。我扑向丈夫，两人顿时相拥而泣。那一刻，我们没有任何话语可以安慰对方，而所有的话语也都显得那般苍白无力……

“癌症”就意味着“死亡”

“宫颈癌……必须马上做手术，否则生命会有危险……年轻患者病情发展很快，说不定现在已经发生了转移……当然，子宫必须切除……”整个晚上，电话里医生的话语一直萦绕在我耳旁，我跟丈夫说了些什么，也已记不清楚了。

对我来说，宣告“癌症”两个字，就意味着医生在宣告“死亡”。丈夫似乎也是这么认为的，比起被宣判“死刑”的我，他所受的打击似乎更大一些。我和丈夫整夜相拥而坐，直到一缕惨淡的阳光透过窗户照进屋内——天亮了。

“我今天晚点儿去上班。”说着，丈夫便钻进被窝躺下了。他的脸色是那么苍白，而我也哭了整整一个晚上，感觉身体中所有细胞的水分都已化为泪水，但是心情仍旧无法平静。

“妈妈！”女儿醒了。我挣扎着爬过去将她抱起，那一瞬间，我闻到了女儿身上淡淡的香气，她小小的身体紧紧靠着我，那么柔软。这时，又一阵巨大的恐惧浪潮向我袭来：“孩子还这么小，可我却……”

等女儿稍大一些，我要送她去幼儿园，还要给她买漂亮的红色书包，高高兴兴送她上小学。虽然现在考虑还为时过早，但是等她20岁那年，我还得亲手给她做上一件长袖和服，让她漂漂亮亮地参加成人典礼……然而，所有这些理所当然的幸福和美好，是否从现在开始，就要永远离我而去？

“如果我死了，谁来替我照顾我的孩子？”我泪如雨下，将女儿抱得更紧。

“妈妈……”幼小的女儿并不知道发生了什么，只是用惊诧的目光看着我。

“哦对了，宝宝是不是饿了？妈妈马上给你做饭啊！”我抱着女儿许久才醒悟过来，应该为女儿准备早餐了。虽然我的大脑仍旧一片空白，可是想到女儿要吃早饭，我竟一下子站了起来。

没错！我还得像往常一样做早餐，然后一家三口高高兴兴地吃饭。或许，和昨天一样正常生活的话，那个可怕的电话真就会变成一场梦！

癌症对家人的巨大打击

除了丈夫，我还必须将自己的病情告诉另外一个家人——我的母亲。

可是我没有勇气。要是母亲知道自己的女儿得到了癌症，她肯定会不知所措。如今，丈夫已经经受不住打击，终日不思茶饭、无法入睡。癌症对他的打击似乎更大于我本人，乍一看，根本无法辨别我和他到底谁才是真正的病人。现在，如果再把事实告诉母亲，她的悲痛一定会更胜于丈夫，甚至有可能倒下。要是那样的话，我该去如何安慰她呢？想到这些，我的心就开始揪痛。

或许我跟母亲的关系不同于其他普通的母女关系，通常母亲都会呵护自己的女儿，可是那时候我一心在想：要是妈妈知道我患上了癌症，她肯定会因承受不住打击而倒下。要是母亲倒下了我该怎么办？所以为了不让脆弱的母亲倒下，我必须坚强地保护她，而当时我的心情，俨然把自己当成了母亲的守护者一般。

如果换做其他的母女，患病的女儿或许会毫不隐瞒地将自己的病情告诉母亲，然后母女一起抱头痛哭；或者有人还会向母亲诉说自己的恐惧，向母亲寻求安慰。我虽然很羡慕这样的母女，可是让自己在母亲面前哭诉，我根本无法做到；相反，如果当母亲得知我患的是癌症、在我面前痛哭的话，我自己心里会更加难受。于是，我决定不直接面对母亲，而是通过电话告诉她。

拿起话筒，我的心开始剧烈地跳动，我不知道母亲会做出何种反应。但是一旦拨通电话后，我却装作若无其事的样子，平静地将自己的病情告诉了母亲："妈妈，我得了癌症。"

母亲无疑很惊讶，但是最终母亲说了什么，我也已经记不清楚了。身患癌症的女儿安慰自己健康的母亲，虽然听起来很可笑，但是至今我仍能清晰地想起自己跟母亲说的那些话："……不过，没事儿，妈妈。我会接受手术治疗，我肯定会活着回来的。"

"我一定要活着回来！"这是我说给自己听的一句话，而且我一定要做到，决不能让母亲为我担心！为了消除母亲的顾虑，我又特意坚强地说："妈妈，我不会死的，所以，手术那天你就别来了。"

后来我听母亲说，大弟弟在听说了我的病情之后，由于经受不住这突如其来的打击，导致"呼吸深快"，最后住进了医院的精神科。结果在我住院期间，母亲只能一直陪伴在弟弟身边。

一年之内夺走 3500 人性命的可怕病魔

在这里，我想就宫颈癌做一些介绍。

子宫癌可以分为两种：一种是发生在怀孕部位的“子宫体癌”，另一种是发生在子宫入口处的“宫颈癌”。与乳腺癌相同，子宫癌也是妇女特有的癌症之一。在日本，每年大约有 15000 人像我一样患宫颈癌，其中有 3500 人因此而丧命。

大部分宫颈癌都因感染 HPV（人乳头瘤病毒）而引起。这是一种极为常见的病毒，据说只要发生过性行为，80% 的妇女都会发生感染。不过即使发生感染，并不是所有的病毒都会引发疾病，其中 90% 的感染者都可以通过自身免疫力将这些病毒杀死。但同时，这也意味着，只要是女性，谁都有可能会患上这种癌症。

不过，通过接种疫苗和定期的检查，宫颈癌完全可以得到预防。日本从 2009 年开始允许使用宫颈癌疫苗，报纸等媒体上也开始大量地报道和宣传。我想大家也可能听说过，艺人同时又是国会议员的三原纯子女士和演员原千晶女士就患有这种癌症，音乐组合

“ZARD”成员、已故歌手坂井泉水女士也曾是宫颈癌患者。

顺便提醒大家，宫颈癌早期几乎没有任何症状。记得那时候我自己时常腰疼，但是除此之外并没有其他任何不适症状。有人可能会出现非正常出血，但是更多的时候，病情会在无任何预兆的情况下不断恶化。要想发现自己是否得了宫颈癌，必须进行专门的妇科检查。如果发现及时、癌症还处于初期阶段的话，患者通常可以选择保留子宫的手术治疗。据说也有患者是在孕期定期检查过程中发现患病的。

我被告知患有宫颈癌是在 2002 年 6 月，但是在此之前，我对宫颈癌没有任何的了解，甚至从未听说过“宫颈癌”这个词，而且我在怀孕期间也从未接受过子宫癌筛查。对癌症缺乏了解、在电话里突然被医生告知病情，这些都使得我起初根本无法相信眼前的事实，虽然我在慢慢接受现实，但过程却是无比艰难。

我在医院接受了周密检查，但直到住院治疗前，我都从未积极主动地就自己的病情查阅相关书籍或者上网查询，因为那时候，仅仅接受这个突如其来的可怕事实就足以让我喘不过来气。同时，我担心自己对癌症越了解，心里就会越恐惧，甚至都无法接受手术治疗。

在短暂的时间内接受庞大的、令人恐怖的信息并且做出命运的抉择——这便是“癌症”最可怕的特征之一。

但是，等心情渐渐得以平复之后，我对自己说：“等周密检查的结果出来之后，一定要冷静地接受事实。听说山本医生是名医，所以我可以放心地把一切交给他，自己只需安心接受手术就可以了。”

我首先必须接受所有的事实，然后承担起所有的结果。这句话听起来我是那样坚强与镇定，然而我内心真正想表达的却是：“求求您了，我什么都愿意配合，那些可怕的结果我根本不想去承担。我相信您，请您一定救救我！”

与完整的女人说“再见”

周密检查的结果出来了：非常接近Ⅱ期的Ⅰb期宫颈癌。

按照医生的解释，“Ⅰb期癌症”指的是有明显的癌症病灶聚集于宫颈部位的阶段，而如果发展为“Ⅱ期”后，病灶就会通过宫颈向周围扩散。当时我的囊肿已经到了非常大的地步，而且医生多次诊断得出结果：我才31岁，从年龄上讲，癌细胞的繁殖速度会非常之快，因此切除子宫不可避免！

在我发病那会，Ⅰ期宫颈癌患者的五年生存率为82%，Ⅱ期为63%（来自日本妇产科协会2001年的统计数据）。而医生跟我讲：“你还年轻，以你的年龄来说，如果不及时治疗的话，你的生存率将会降至50%。”如果真是如此，那么在五年后，我活在世上的几率便只有50%。

听起来，50%并不是一个太少的数字，但是就如同使用硬币正反面来做成决断一样，我的命运有一半的可能性是“死亡”，如此想来，这又是多么少得可怜的一个数字啊！

“下次我们生个儿子吧？”在女儿1岁半的时候，我就曾跟丈夫聊起该为女儿生个小弟弟了，可是，今后我却无法再生育！我再也无法为女儿增添一个弟弟或者妹妹！

我不想失去子宫！如果没有了子宫，我便会成为一个不完整的女人……然而事到如今，我根本无法再顾及自己的这些感受，因为命运留给我的时间已所剩不多。

据医生讲，按照现在的囊肿大小，我在怀孕期间就可能已经患上了癌症。听着医生的话，我不禁毛骨悚然。在大阪，女性在30岁之后都必须强制性地接受各项妇科检查，我在29岁怀孕，因此当时可以自愿选择是否接受检查。而正因为自己当时并未太在意，所以错过了发现癌症的关键时期。

“如此大的肿瘤，如果是在怀孕期间发现的话，为了您的生命安全，医生肯定会反对您将孩子生下来。”医生说。是吗？要是早些发现癌症的话，为了保全我的生命，女儿或许就不会来到这个世上……如此想来，这真是不幸中的万幸啊！

但是，现在我必须选择手术。母亲赋予了我健全的身体，但一旦接受手术，我的肚子上会不会留下深深的疤痕？身体里的某个器官是不是会被切除……每每想到这些，无言的悲痛就会将我淹没。

长达 10 页的手术同意书

经过痛苦的挣扎，我的心情终于平静了一些，于是决定接受手术。

如同平日里外出旅游一般，我将自己的衣物和用具逐个塞进旅行包。第二天我便要接受手术，因此前一天必须住院。

“你的癌症或许已经转移到了肺部或者肝脏。”就在住院的当天晚上，前来查房的年轻医生的一句话，又当头给了我重重一棒。一时间，我惊愕得目瞪口呆，脑袋顿时“嗡”的一声炸了开来，稍稍平静的心情又重新被撕得七零八落。

没错，我是请求过医生要将所有的事实都毫不隐瞒地告诉自己，但是明天马上就要接受手术，为何今天晚上才突然跟我讲起这些？

对于医生的这种做法，我是那样气愤，同时又是那么害怕和恐惧：我或许真的会死……当医生拿来厚厚的手术同意书时，我的心里更加恐惧，我真的可能会离开这个世界！

“我们必须在征得患者同意的前提下才能实施手术，所以即使发生什么情况，医院是不会承担责任的。”医生再一次强调。

当然，任何手术之前都会有这样的程序，但是对于我这个癌症患者来说，死亡就如同躺在自己身边一样触手可及！然而，现在我必须签署眼前这长达10页的手术同意书。这就意味着：即使死，我也绝不能有任何怨言。如此做法，又有谁能不气愤呢？

虽然气愤，但我还是默默地在同意书上签下了自己的名字。就在那一刻，我心里突然坚定了一个信念：我一定要活着给你们看！

“手术前有人会失眠，你也需要点儿安眠药吗？”医生问。

“不需要！”我异常坚决地回答。

出乎自己的想象，我是那么沉着！

我曾是田径俱乐部的成员，按照那时比赛的经验，如果觉得自己会有1%失败的可能，那就绝对会败给对方。为了赢得比赛，我绝对不允许自己有任何 1% 的糟糕预想！

所以，明天的手术也同样如此。我不会死的！我一定要活着回来！

逐渐模糊的三声“松田女士”

手术当天的早上，我意外的平静。

我想，幸好患上癌症的是我自己，而不是我幼小的女儿、我的丈夫，也不是我那脆弱的弟弟和母亲。我相信自己可以忍受并克服这一切！

“求求你了！我想看到女儿穿着制服去幼儿园的可爱身影，所以，请一定让我活到那个时候。”我默默地立下了誓言：“要是能活下来，我一定会帮助很多很多人，我要为他们而活下去！”

我想活下去！

终于，手术的准备工作开始了，麻醉药通过点滴注入我的体内。

或许是由于药效太强的缘故，很快我便开始昏迷。

“我现在开始叫你的名字，叫三次，听到后你就答应。”医生说。

躺在手术台上的我默默地点了点头。

“松田女士！”

“嗯。”

“松田女士！”

“嗯……”

“咔嚓！”好似突然有人关上电灯开关一般，我的眼前顿时一片黑暗。我失去了知觉，并没有听到第三声呼叫。

在整个手术过程当中，我似乎一直都在做梦，梦中出现的都是丈夫。他是那样痛苦，我好像在安慰着他什么。就在生死未卜的癌症手术过程中，我都会在梦中照顾别人，现在想想，那确实是我自己的性格。然而，梦境中的一切是那么柔软、温和，那种美好的感觉紧紧地包围着我……

接受癌症手术，首先必须梳理好自己的心情，而这其中最重要的，就是懂得如何面对现实。手术的疼痛并不可怕，可怕的是自己曾经憧憬的美好人生可能会随时结束，而这种巨大的绝望与恐惧会不断向你袭来、无尽地折磨你。从这一点来讲，我想自己当时已经做好了充分的思想准备。

然而，当从手术的昏迷中苏醒过来之后，我便陷入了无尽的“疼痛地狱”——术后身体的疼痛远远超过了精神上的痛苦！

导管遍布全身

“这是什么呀？”当从麻醉中朦胧地苏醒过来之后，我发现自己的身体根本无法动弹。当然，这肯定有术后身体疼痛的缘故，但是各种导管遍布自己的全身更让我吃惊！

首先是鼻孔里，双腕扎着输液管，有可能是输血了；下半身也全是导管，而且我的后背也被插入了若干根管子……只有在电影中才能看到的恐怖画面，如今就真真切切地发生在了我自己身上！

浑身插满导管、身体无法挪动，这也就罢了，然而巨大的疼痛几乎让我窒息。我好疼！好痛！我说不清楚具体部位，只觉得整个身体都处在巨大的疼痛之中，特别是伤口的子宫处和下半身，就如同在被粗大的针头刺扎一般剧烈地疼痛着，这种疼痛继而又迅速弥漫到全身。麻醉药的作用还未完全消失，在无法忍受的疼痛之下，我又昏迷了过去……

“呜呜呜呜呜……”意识模糊中，我隐约听到有人在呻吟，原来是我自己的声音。按理说，失去意识后的我应该根本无法出声，可是巨大的疼痛使我不断发出痛苦的呻吟。如果地狱真实存在，自己现在所承受痛苦的这个世界绝非人间，而是名副其实的地狱！

麻醉药逐渐失去作用的过程是最痛苦的煎熬，因为我的意识在不断清醒，而身体的疼痛却在不断加剧。我的内脏就像在灼烧一般，那种感觉生不如死！护士给我塞了止疼药后，我便感觉到难忍的干渴，就像徘徊在无边的沙漠中一般。我想喝水！

“水……水……”我想叫出声来，可是嘴唇却不听使唤。半夜，护士来查房，我拼命地想请求她拿水给我，可终究没能发出声音，看着没有任何察觉的护士就那样走出了病房……

后来我才听说，手术进行了4个半小时。然而不管手术是否成功，术后我最大的愿望就是尽快结束自己这“导管遍布全身”的恐怖状态。

像小孩般换尿布

术后第二天，我的手脚依旧无法挪动。我突然发现，下半身的导管原来是插在尿道上的，还有一根一直通向阴道，并且好像被缝在了上边，分别为了排泄小便和子宫内的废血。

“医生，求求您能不能把这个管子拔掉？我实在疼得受不了了！”当肢体感觉逐渐恢复之后，我忍着剧烈的疼痛感和羞耻感向医生请求道。与导尿管相比，刺入敏感部位的那根导管更让我疼痛难忍，而当亲眼看到这些导管之后，我的疼痛似乎更加剧烈起来。我无法忍受，不断地叫着：“疼……疼……”

“再等等。如果不插这根导管的话，废血就会堆积在体内，那会很危险。”听着我的请求，医生说。再等等？我一秒都无法再等！我再也无法忍受了！

止疼药剂可以从后背的导管中注入体内，只要自己按下小小的拉杆儿，身边那个类似注射器的手泵容器就会启动，其中的药剂便会被自动注入导管内。当疼痛实在无法忍受时，我便会按下拉杆儿。

健康的时候，我一直以为自己对疼痛的忍耐力很强，然而，现在近乎严刑拷打般的各种疼痛同时向我袭来时，我屈服了！那个时候，护士就像天使一般，温柔体贴地陪伴在我身边，甚至帮我处理排泄物，我真切地感受到了护士是何等的伟大！

虽然插着导尿管，但是每当大便时，我仍旧需要使用尿不湿。从小到大，所有的事情几乎都是我自己独自承担，而如今却要请护士来为自己清理排泄物，我感到自尊心受到极度伤害，内心被深深刺痛。然而，尽管我是那样不情愿，护士却仍旧熟练地为我清理着一切，脸上没有丝毫厌恶的表情。看着眼前的情景，我心里不禁悲哀起来：原来当自己无能为力时，我也需要借助别人的力量啊……

躺在病床上无法动弹的那段时间，我经常会想起一个故事：在养老院里，当护理员走过来给自己替换尿不湿时，一位老人失声痛哭。原来，那位老人的心情是这样的啊！当别人为自己处理大小便时，内心便会顿时升起一股无言的羞耻感和歉疚感。

而此时的我躺在病床上，面对一切都无能为力的自己是那样痛苦和无助……

奢侈的站立

我终于能够坐了起来！

这虽然很令人高兴，但是之后的康复过程依旧异常艰辛。由于术后腹肌的收缩能力还未恢复，因此我只能借助电动床的力量慢慢直起上半身，而每次这个如此简单的动作都会让我大汗淋漓。尽管如此，我还是拼命地坚持着康复训练，因为我想早点好起来！

康复训练的其中一项便是挤出“小便”的练习，因为我听说，术后如果小便的感觉不能恢复正常，将会永远住院治疗，于是便开始拼命地练习。

“你不用那么做。”护士曾好多次前来制止，据说，这样做可能会导致伤口出血。

但是我却不顾护士的告诫，曾多次暗自使劲，以增加腹压。

我到底为何如此焦急呢？明明是病人，可我却根本就不愿意承认自己就是一个病人的事实。而且我还那么在乎周围人的眼光，这可能也是“癌症”的病症之一吧？“癌症患者”，如此简单的一个称呼，它所蕴含的巨大悲哀却在不时地刺痛着我……

术后大概一周左右的时间，我向护士说出了自己的心情：“我想早一点起来。”

“现在还早着呢！手术的时候您流了一升多血，现在正处于贫血状态，如果站起来的话会晕倒的！”护士再次阻止了我。

然而无论如何，我还是想自己前往厕所，于是我慢慢地从床上坐起来，试着将脚伸向地板。然而就在我刚刚迈出脚的那一刹那，我的身体仿佛突然被一股无形的气压猛地摁了下去。只听耳旁“嗡”的一声巨响，我两眼一黑，重重地摔倒在地。

“我想自己去厕所！我只是想自己去厕所……”然而我却站不起来！绝望的心情加上摔倒后身体的疼痛，我就像孩子一样，流着泪向身边的护士诉说。

“没关系，没关系。过两天就可以站起来了。真的，您相信我，马上就可以了。”说着，护士向我伸出了温暖的双手。

站立、行走，再寻常不过的事情，现在的我拼命努力却还是无法做到，我不得不承认摆在眼前的这个事实。可是我的内心是那么悲痛！不过，我面前的护士向我伸出了双手，而不论我有多么悲痛，我必须先借助她的力量坚强地站起来。

数日之后的一天，我有事需要前往医生的诊疗室，于是，我术后第一次走出了病房。

那时，我的身上仍旧带着尿壶，手上还打着点滴。“咣当咣当”地拖着这些沉重的东西一步一步地缓缓往前走。一路上，我走走歇歇，歇歇走走，正常人三步两步便可到达的距离，对于此时的我来说，却是那么漫长。我坚持着往前走，可总也无法到达目的地，短短的走廊，我却不知道走了多长时间……

“医生，您好！”我终于走进了医生的诊疗室。

我原本以为医生会为我的努力高兴，然而事实却让我惊诧不已，当时医生的一句话让我至今难以释怀。

“快点儿，给松田女士带上尿壶套！”医生抬头看着气喘吁吁的我，突然大声叫道。

通常，术后的患者都需要用一块布或者其他东西将自己的尿壶遮盖起来，而我却完全没有，我也从未想过必须要这么做！然而，当医生话音一落，我便猛然意识到了眼前的自己是如何的悲惨：脸色苍白，“叮咣叮咣”地拖着尿壶，头发不知什么时候已经蓬松散乱，病号服也敞开了怀……

为了尽快康复，我已经没有精力去顾及自己的形象，在医生眼里，那时候的我该有多么可怜啊！不可思议的是，直到做完手术、并看到医生那同情的眼神时，我才第一次真正意识到：没错，我自己确实就是一个病人！

让人毛骨悚然的肉瘤

癌症病灶的面积很大。

在手术前夜，医生已经告诉过我癌细胞或许已经发生转移，而且在开始手术之前，医生也让我看了 X 光照片上那个面积很大的白色团块，也曾多次强调或许已经发生了转移，因此当时我已经对自己的病情有了足够的心理准备。

然而庆幸的是，癌细胞并没有扩散，病理检查的结果表明，病灶也没有转移到淋巴结。而且根据医生的判断与决定，我的卵巢成功地保留了下来，对于我来说，没有比这更幸运的事了！

按照我当时的病情，即使将卵巢与子宫一起切除也毫不奇怪，但是医生判断说：“你这么年轻，我们就赌一赌吧！但愿你能彻底战胜病魔！”于是，我的卵巢就这样幸免于难。卵巢一旦被切除，女性激素的分泌就会减少，有可能会过早地出现类似更年期的症状。实际上，有很多患者都在切除卵巢后饱受汗流不止、头晕目眩等后遗症的折磨。

出院之后很久的一天，我和丈夫一同前往寿司店用餐。

“啊，对不起，我吃不下去！”看着店员做好的鱼白寿司，丈夫的反应很激烈。

“为什么？”我问。

“那天，我看了你被摘除的肉瘤，感觉和它很像……”丈夫的表情十分痛苦。

在做完手术的那天，丈夫好像看到了我那被切除的肉瘤和子宫。听丈夫说，切除后被放置在手术盘上的肉瘤是一个模糊的血块，而子宫却是一堆黏黏糊糊、让人感到毛骨悚然的东西。我没有亲眼看见过，但是当听完丈夫的表述之后，看着眼前的那盘鱼白寿司，我也顿时感觉恶心了起来。

“我的子宫没了……”

刚刚做完手术的那段日子里，我的身体疼痛万分，整个人都处于一种无力状态。那时，在疼痛的折磨下，我的内心深处根本无暇去感受失去子宫的悲伤。直到疼痛稍微消失、身体状况逐渐好转之后，我才渐渐意识到：我真的失去了子宫！

要说心里完全不存在失去子宫的失落感，那肯定不是实话，但是每当想到自己还有一个可爱的女儿时，我心里顿时又会觉得自己是那么幸运和幸福！我也曾无数次告诫自己：现在的我必须这样想，否则就会陷入失去子宫的无尽痛苦中，永远无法自拔。

我好想早日见到女儿啊！我只想紧紧地将她抱住，然后对她说："女儿，谢谢你来到妈妈的生命里！"

拼命观看"圆梦组合"演唱会

在我住院期间，丈夫几乎每天都来探望，但并不完全因为担心我的病情。

"在家的时候，我总梦见你会死，所以不敢一个人睡。"丈夫说。

于是，他每天都会来到病房，躺在我枕边，然后安心地呼呼入睡。

就在宫颈癌术后不久，我和丈夫一起前往名古屋，观看了日本歌唱组合"圆梦"的演唱会。你可能会觉得很意外，甚至会被惊得目瞪口呆，但这的确是事实。

丈夫是“圆梦组合”的忠实粉丝，而且这又是他们四年一次的演唱会，机会非常难得。我苦苦恳求，医生终于批准我外出一晚。记得当时是我术后两周左右的时间，病情治疗得非常顺利，身体也在一天天地康复。但是尽管如此，术后如此之短的时间内便提出要去观看演唱会，那简直是荒唐之举！

批准我外出的，正是手术前夜突然告知我“癌症可能发生转移”的那位医生。那时他的做法是那么让我气愤，但是由于年龄不相上下，术后我们之间渐渐地熟悉起来，我也可以随意地问他一些问题。我甚至常常会问：“您说，我不会死吧？”正因为这样，医生或许已经了解了我那倔强的性格，于是就勉强同意我外出一晚。

终于可以外出了，我简直欣喜若狂！然而，事情却远非我想象得那么简单。

那天，丈夫从家中给我带来了外出时穿的漂亮衣服，于是我换掉睡衣，两人急匆匆打车前往新大阪火车站，又从那里乘坐新干线赶往了名古屋。

但是由于术后长时间卧床，当时我的肌肉力量明显开始衰弱，因此一路上有好几次我都头晕目眩，甚至险些晕倒。而且，即使到了现场，我感觉周围也都是一片噪音，只能在痛苦的煎熬中等待演唱会的结束。

当第二天回到医院时，我已经筋疲力尽，但即便如此，我还是因自己的行动感到十分慰藉。丈夫一直希望能够观看这场演唱会，我想满足他的愿望，同时我也想证明：我没事儿！我很好！现在的我，又像患病前一样健康！

第一次潸然泪下

术后不久的那段时间，我一直住在医院的单间里，等病情逐渐恢复到能独立上厕所之后，我便被转移到了集体病房。这里的病人大都是一些年纪较大的阿姨，大家患的也都是一些妇科类的癌症或者类似的疾病。由于我的年龄最小，所以在这里，阿姨们就把我当做了自己的女儿，对我十分热情和关心。

其中，我与一位名叫“山下”的阿姨很快成为了朋友。山下阿姨患的是乳腺癌，已经错过了最佳手术期，现在只能通过抗癌药物维持生命。我和她的病床面对面，并且都靠近窗户。

“早上好，阿姨！你今天还活着吗？”

“活着呢！今天天气真好啊！”

“确实！不过看起来外面挺热啊！”

早上睁开眼，看着外面的天气、互相询问对方“是否还活着”便成了我们两人每天必做的事情。

“阳子，阳子。快起床喽！再不起的话，我就把你的饭都吃了啊！”当我晚起的时候，阿姨总会这样笑着将我叫醒。

在病房里，即使窗外的景观并不美丽，但是靠近窗户的病床仍旧属于特等床位。不管是晴天还是阴天，哪怕有时候下雨了，躺在床上都可以感受到户外的各种气息。那时已经是七月份了，开着空调的病房里非常凉快，反而是窗外的世界更加闷热。

山下阿姨比我母亲还要年长一些，但是我们两个人的性格却有着许多相似之处。阿姨会经常跟我聊起被癌症折磨的痛苦，但却从来没有半句抱怨，这让我对她更加佩服和尊敬！

“现在的病情已经不能做手术了，可以前怎么一直都没发现呢？”我问。

“我隐隐约约感到身体哪儿不舒服，但是工作忙，所以就耽搁了。”阿姨微笑着答道，“不过，我的人生已经没有遗憾了，所以死了也没关系。只是我还想看着孙子长大，所以现在必须努力治疗。”

这个回答看似轻松，可实际上阿姨在进行抗癌药物治疗时，我还是能看出她有多么痛苦。抗癌药物是通过点滴注入体内，所以患者在治疗时必须长时间地躺在病床上，根本无法坐立起来。

“阿姨，马上就到吃饭时间了。”我提醒道。

“今天不行了，吃不下去。”平时爱说话的阿姨，有时候却只会用这样短短的几句话来回应。

“阿姨，你要坚强啊！我们一起努力好吗？”

同为与病魔抗争的我们，总会用这样的方式鼓励对方。

正是在这段时间，我大学时代的好友给我寄来了一封信。

打开厚厚的信封，里面装着一本贴满了各种相片的相册，这些相片有大家一起去斐济旅行时照的，也有聚会和平时随意拍摄的。其中许多照片上，我都坐在朋友中间开心地笑着，照片上的我是如此年轻和充满活力。

“阳子,我们等着你早日康复！”信的最后是朋友们熟悉的笔迹。平日里看似坚强的我，此时此刻却再也无法按捺心中的悲痛，眼泪就像断了线的珠子一般“簌簌”地淌了下来。

手术之后，我第一次哭了！

病友鼓励似神药

与其他内脏的疾病不同，宫颈癌患者通常都可以在术后不久便开始进食。当然，恢复食欲所需的时间因人而异，但是我并没有花太多的时间，而且自从转移到集体病房后，每天去食堂就餐成为了我最大的期盼和乐趣，因为除了难耐的病房生活之外，还可以自由地前往医院的其他场所，这对于住院患者来说无疑是件开心的事！

“早上好！”

“今天的饭菜也这么好吃！”

“能吃上这么可口的饭菜，真是太幸福了！”

“妈妈给我拿了点儿海苔，大家也尝尝？”

虽然都是些再普通不过的对话，但是在食堂，我可以跟大家进行简短的交流，而通过这些交流，我又发现了一个“不一样的自己”。在这里，哪怕是自己极短的一句话，都会成为激发对方努力下去的动力；当看着对方逐渐康复的样子时，自己同样也会受到鼓舞。虽然目前我还不能完全自理，但是跟病友们聊天对我来说还是很容易做到的。如果通过聊天可以让他们得到一时的快乐，那于我又是多么幸福的一件事儿啊！

“今天山下阿姨怎么没来呀？”

“在注射抗癌药物呢，起不来。”

“是吗？那太痛苦了！”

“大家都在努力呢！”

“能这样吃得下饭菜，就很知足了啊！”

只要是住院后有过痛苦经历的人，此时此刻的感受都是相通的，哪怕是如此简单的对话，也都会让人感到些许的满足和幸福。

刚刚做完手术的那段时间，我感到那么痛苦和难熬，而现在却可以正常地走进食堂就餐，在这短暂的时间暂时忘却住院生活的种种苦痛，相互尽情地欢笑畅谈，这又是何等幸福啊！

“我是大肠癌，现在抗癌药物已经不管用了……”前几天还在一起交谈的人，或许今天就已离我们远去，但是只要来到食堂，大家都是那么开心和快乐！

一天，跟往常一样，在跟病友们度过了短暂的开心时光之后，我准备由食堂返回病房。远远地，我便看见昏暗的走廊下站着一个人，是山下阿姨！只见她斜斜地倚靠着输液架，几乎快要倒下。阿姨正在注射抗癌药物，按说根本无法坐立的，可是现在却……

“阿姨，你怎么了？”我心里一阵紧张，不由地大声问道。

“你出去半天也不回来，我还以为你发生什么事儿了呢……”

看着我的脸说完这句话后，阿姨再也无法支撑，开始向一边倒去，我急忙过去将她扶住。

我没有任何事情，只是在食堂跟大家聊得忘了回来的时间，但是阿姨却一直在病床上惦记着我。在接受抗癌物质治疗的过程中，人的身体会倦怠无力、头晕目眩，那种感觉真可谓是“痛不欲生”，可是如此痛苦的阿姨却在担心我的迟迟归来，还从病床上爬起来，一直站走廊里焦急地守望着我……多么善良的山下阿姨啊！

“谢谢你，阿姨！”我的心里一阵难过。

多少年来，我都是自己一个人在努力，甚至在接受癌症手术的时候，我都没有依靠母亲或丈夫，“一个人”顽强地坚持到了现在。然而，眼前善良的山下阿姨却让我第一次明白：有些人无论自己多么痛苦，心里却总在为他人着想，而我自己，也同样在他人的关心和支持下活着！

不愿接受代金卡的体贴

每天在排尿之后，我必须接受体内剩余尿量的检测。在术后不到一个月的时间里，我的这项检测就顺利过关了。伤口的疼痛在逐渐减轻、体力也在不断恢复，我终于盼来了出院的日子，而这一天仅距我接受手术不到一个月的时间。

手术前夜，当医生告知我癌症可能已经发生转移的时候，我无比绝望，而现在万分幸运的是：癌症并没有发生转移。我一直紧张的心情终于放松了下来。

“术后还不到一个月你就可以出院了，恢复得真是太快了！”山本医生也同样为我能够这么快速恢复而感到震惊，他批准了我出院。

或许是因为自己体力好的缘故，又或许是自己暗地里进行的排尿训练起了作用，但是至少有一点我可以肯定，那就是因为我还很年轻。正因为年轻，所以我才能比病房里的阿姨们更早恢复，并且很快出院。

住院期间，我是那么思念我的女儿，可还是忍住没有让家人把她带来，因为一旦见到我，女儿肯定会哭着不愿回去，这样我的心也会被撕碎……更重要的是，我怕看到女儿之后，多少天来努力坚强的自己会突然崩溃……

在医院里，我曾是那样绝望和痛苦！但是在大家的帮助下，现在的我终于可以顺利出院了。我幸存了下来！感谢所有给予我勇气和信心的人们！马上我便可以回到女儿和丈夫的身边！我们一家人要像往常一样，永远快快乐乐地生活下去……我憧憬着出院后的美好生活，开始收拾自己的行李。

住院期间我买了一张观看收费电视的代金磁卡，看着卡上还剩很多钱，于是我便打算将它送给右手临床的阿姨。

“阿姨，我要出院了，这张电视卡就留给您吧！”我说。

“孩子，你不用给我。你应该还会回来的。”阿姨立即答道。

“啊？！”我不明其意，紧紧地盯着阿姨。这句话到底什么意思？刹那间，时间开始凝固，但阿姨认真地看着我的脸，并没有一丝的恶意。

“你还年轻，肯定会复发的！”阿姨没有这样说，但是我能明白，她的话一定是这样的意思！

没错！越年轻，癌症发展的速度就越快；越年轻，复发的几率也就越大。切除就没事了，出院就没事了，癌症并非如此简单！我的后背开始冒冷汗……

要是母亲或者丈夫那样没有生病的人听了这话肯定会大怒。但是作为一个正在与病魔抗争的癌症患者，我能理解阿姨的心情，因为曾在食堂一起就餐的人某一天之后便不再回来，曾相互鼓舞的同室病友突然离我们而去……这些都是那样“正常”。当然，我不知道自己何时也会跟她们一样，每一天，我都在“生”与“死”的边缘上抗争着。

阿姨的话，或许才是癌症患者最为“质朴的体贴”。

“没事儿的，您先拿着吧！”说着，我将电话卡塞进了阿姨手上。

仔细想想，从我被诊断为宫颈癌的那天开始，到今天顺利出院，仅仅才过了短短的一个月时间。然而，在这一个月里，却发生了太多、太多意想不到的事情。

无意中的妇科检查、晴天霹雳的癌症宣告、子宫的全部切除……随着这一切的发生，我的生活、我的身体都以始料不及的速度发生了巨大的改变，而这所有的一切，我都从未想象过。它们来得如此之快，让我无法招架。但是我毫不犹豫地接受了手术，手术也很成功，而且现在我马上便可以顺利出院了！

“阿姨，我回家等着你早日康复。”问候过给予了我偌大关心和爱护的山下阿姨之后，我走出了病房。

我战胜了癌症病魔，今后还有什么可怕的呢？

我暗自发誓：“从今往后，我要更加努力，战胜所有的困难！老天给了我再生的机会，我要好好珍惜自己的第二次生命，同丈夫和女儿一起，创造一个更加快乐、更加美好的家庭！”

然而，我连做梦都不曾料到，出院之后残酷的现实正在不远处等着我，它们给我带来的痛苦远远超过了宫颈癌手术……

第 2 章

夺走我家庭的癌症之痛

无法恢复的“正常”生活

七月的天气赤日炎炎。

马路上，汽车轰鸣而过，我不由地想伸手捂住双耳，一阵阵热浪和尘埃扑面而来，使我根本无法呼吸。望着眼前拥挤的人潮，我脑海中顿时一片茫然……

“对不起，我着急，请让一下。”背后匆匆而过的人几乎将我撞倒，而呆呆伫立于人行横道上的自己，似乎成为了匆忙行人的障碍。

我不禁蹲下了身……

今天我终于出院了！然而一旦跨出医院大门，我面对的便会是无情和残酷的现实生活。

“我想早日出院！”那时的我是那么迫切地希望早日出院，并对新的生活充满了无尽的渴望与信心，但是仔细想想，那时我之所以精神饱满，与身边所有人的帮助都密不可分。

回想一个多月的住院生活，除了照顾自己的身体之外，我其他所有的事情都由护士或其他人来帮我完成。每天伤口疼痛时，医生会马上开具药方；我对病情感到不安时，护士会一一解答我的疑惑并耐心地安慰我。对于我来说，医院便是名副其实的“温室”，既安静又安全，在这里，我可以专心休养，不需要有任何的顾虑，而且通过与周围同样患有癌症的大叔和阿姨们进行交流，我自己内心的痛苦和恐惧也得到了很大程度的缓解。

然而，从跨出医院大门的那一刻开始，我将不会有任何的特殊待遇。 从今往后，除了调理自己的身体之外，自己还必须“一如既往”地肩负起所有的家务、照顾丈夫和幼小的女儿。

终于到家了!

推开门，眼前熟悉的一切立刻映入眼帘 。“我终于回来了！”我深深地呼吸着家的气息，好似自己已经离开了好久好久。

“妈妈！”女儿摇摇晃晃同时又是那般竭尽全力地向我跑来，

她紧紧抱住我的双腿，久久不愿放开。看着思念已久的女儿，我不禁伸出双手想将她抱起，然而就在我伸手的那一刹那，一阵剧烈的疼痛瞬间从腹部划过，顿时，我的脸开始扭曲。

“妈妈现在还不能抱你……等妈妈身体稍好一些再抱，行吗？”说完，我蹲下身生硬地搂了搂她。现在，我只能做到这样，所有的一切都必须慢慢适应。

就这样，我恢复了自己的“正常”生活，然而与自己美好的期望相比，它却丝毫不“正常”。从这天开始，所有的一切都发生了翻天覆地的变化，其中变化最大的就是我自己……

出院之后的双重崩溃

手术成功、顺利出院，一切看似圆满，然而殊不知，癌症带来的真正痛苦和恐惧才刚刚降临，万幸获救的宝贵生命，此后却要遭受精神和肉体上的百般折磨。

手术的成功并不意味着所有痛苦的终结。由于癌症随时都会复发，因此出院之后，无论是在精神上还是肉体上，癌症患者随时都会感到巨大的不安和恐惧，尤其对于我自己来说，对年幼女儿的照顾又使得我更加筋疲力尽。

确实，正因为有女儿的存在，我才能坚强地战胜癌症手术，并在术后迅速得以康复。然而，幼小的女儿毕竟只有一岁，照顾她需要耗费我很大的精力。住院期间，我所有的一切都可以拜托给护士，然而作为母亲，现在的我必须担负起属于自己的责任。

我内心虽然极力期望自己能够做得完美无缺，然而许多事情我却根本无能为力。很多时候我拖着虚弱的身子去努力，但是身体立刻就会出现不适。在经历了失去子宫的巨大痛苦之后，我更加感受到了女儿对自己有多么重要，然而正是对女儿的照料，又加重了我身体的负担。

家务也同样如此。手术之前，我努力地承担着家里所有的事情，但是患病之后，我却骤然失去了继续承担家务的信心，而且从这时候起，我与丈夫的关系也开始发生了意想不到的变化。癌症带给了我家庭崩溃和自身精神崩溃的双重痛苦。

没有终结的癌症

每次定期复查的前夜，我都会被巨大的恐惧包围，久久无法入睡。

“上一次检查没有问题，这次也一定不会有事儿。”我极力安慰自己。

“不过，真的要是查出了问题我该怎么办？复发了怎么办？”想到这，我心里紧接着又是一阵阵紧张：年轻患者一旦癌症复发，那将是致命性的结局！

检查结果需要等待一周左右的时间，而这漫长的等待对我来说又是痛苦的煎熬。手术成功并不意味着与癌症抗争的结束，这就是癌症的可怕之处。而且据说子宫类癌症的复发大都发生在术后三年之内，因此这三年期间不能有任何懈怠……一想到这些，我就会痛苦不堪……

宫颈癌手术已使我失去了宝贵的子宫，尽管手术时我幸运地保留了卵巢，然而如果接下来的检查结果一旦出现异常，我的卵巢也必将遭受切除的命运，而这将会影响到自己作为女性的所有机能。

“如果复发，卵巢也会……”巨大的恐惧不时向我袭来，总也挥之不去。

“5 年生存率为 50%。”医生的这句话无数次地在我脑海闪现，虽然我坚信自己已经赢得了胜利的 50%，然而真正的答案还须待到 5 年之后才能揭晓。

“手术成功，我已战胜癌症！”我曾自信满满，但是如今看来，征程或许才仅仅走完了一半。渐渐地，我那曾经的自信开始莫名地变为了不安和恐惧。

“自己随时随地都会被击败……”我极力克制自己不去这样想，然而却总也阻挡不住内心的那份不安与恐惧。

不知不觉中，我失眠的日子也越来越多……

请不要在10公里处向我道贺

随着失眠天数的不断增加，我身体的疲劳也在逐日堆积，可每天的生活还得继续。尽管疲劳感和睡眠不足在不断加剧，但我对家务却没有丝毫的懈怠，仍旧一如既往地努力做好所有的事情，否则心里就会感到不安和自责。由于腹部的伤口还没有完全愈合，于是我就趴着去擦地板，现在想想，当时的自己真是愚蠢啊！

"刚刚做完手术，你不要乱来！"假如母亲能劝劝我……

"这些事儿你就别做了，快去休息吧！"假如丈夫能体贴一点……

如果这样，我想自己当时肯定不会那样勉强。

不，也许不会的，因为那时候在我的心里只有一个信念——必须认真做好家里的所有事情！

照顾幼小的孩子当然最为艰难，但对丈夫日常生活的照料也同样使我筋疲力尽。

在患病之前，即使是袜子和内衣，我都习惯为丈夫备好完整的一套，以方便他换洗。这些琐事丈夫从来不主动去做，只能我去帮他料理，我内心虽然有些许的抱怨，但是作为妻子，能全心全意地服侍丈夫也使我内心感到非常满足。但是出院之后，维持如此简单的习惯都会让我感到吃力和痛苦。

那时候，我多么期待丈夫能帮我做点儿什么，毕竟自己刚刚出院，而如今我所能想到的也就是他偶尔地刷了几次碗筷。由于工作养成的习惯，丈夫做事特别认真和细致，在扫除等家务方面，一旦认真起来绝对比我做得彻底和干净。但是实际上，他在家里却从来不做任何家务，并且每天很晚回家，基本上晚餐时间正好是女儿睡觉的时候，于是我不得不匆匆安顿女儿入睡，然后再起身为他准备晚餐。

渐渐地，我的情绪开始焦躁起来。

如若我的生活是部电影，它必将有个完美的大结局：女主人公患病，命悬一线，手术中被切除子宫的她痛不欲生，但是之后却坚强地活了下来，而且癌症并无任何转移，不久之后她便顺利出院。可喜可贺！

看着主人公手术成功，观众便会擦掉眼泪、忘却悲伤，安心地走出影院。然而生活并非电影！现实中的我，身体仍未完全康复，每天都处在“癌症随时随地都会复发”的不安和恐惧之中。

“阳子，你要是死了，我怎么办呢？”住院期间，丈夫曾躺在我枕边哭着问我，而当我出院回到家中的那一刻起，他便彻底放松了下来，似乎在他看来，那部“妻子与癌症病魔抗争，丈夫在背后默默支持”的感人电影早已落下帷幕。

我想，不仅仅是癌症，其他的一些伤病也同样如此，我身边有很多人都认为出院就意味着痊愈，因此对患者便失去了应有的关心和照顾，导致了许多不必要的误会与摩擦，甚至有些夫妻还会因此而分道扬镳。

虽然身体还未完全康复，每天也在为癌症的复发而惴惴不安，但是大量的家务活依旧在等着我去处理，所有的一切都不会因我患病而改变。渐渐地，我开始难以容忍丈夫那冷漠的态度。

一天，丈夫提议要和朋友们举办一次聚会，庆贺我顺利出院，但我拒绝了。

“为什么？”丈夫极为不满地问道。

“很抱歉，我没有那样的心情。”我回答。

那时候，我没有心情见任何人，因为我根本无法预知自己的病情到底如何发展。如果5年之后我还活着，那时候我也许可以接受大家的祝福，但是有可能我在欢喜地接受大家的祝福之后，癌症却复发了，那时我还得再次住院治疗！如果真是这样，那我该有多么悲哀啊！

这就好比漫长的马拉松比赛，当选手刚刚完成了10公里路程，便有人挥手向他表示祝贺，这怎么能行？可是现在包括我丈夫在内，所有人都无法理解我的心情和感受。我想解释，但是即使解释也无法得到理解。于是我决定沉默，这件事就这样不了了之。

“谁能理解我？”

当被宣告为宫颈癌的时候，我感到前所未有的孤独，而现在看着眼前的一切，我的心中更是无尽的孤单和无助。

家庭暴力遭遇

随着时间的推移，我对丈夫的不满与怨恨逐渐转移到了幼小的女儿身上。

照顾自己的身体已让我精疲力尽，而这时女儿任何细小的要求在我看来都是无理和任性的。女儿还小，她的成长需要很长时间，而对于妈妈做好的饭菜，她也会有食欲不好或不小心将其洒落在地的情况，这些都很正常，可那时的我却没有任何耐心。

“快吃！”“好好吃！求求你听话好吗？”“妈妈好不容易给你做好的，你怎么都洒了？”看着眼前将饭菜洒落一地的女儿，我只有大声的斥责。如果身体和精神状况都很好，我一定还会觉得她是那样可爱，然后笑着为她擦干净，可那时候的我却根本无法做到，我的内心无比焦虑。

我的女儿绝非难缠的孩子。自从出生以来，女儿喝奶时一直很乖，睡觉也很安静，从未让我犯愁。事实上，自认不算聪明的我居然能生出如此乖巧的女儿，心里不知有多高兴！我也曾感慨，孩子出生时一定也会选择适合自己的母亲，而现在，女儿依然是那个乖巧的女儿，没有发生任何的改变，改变的只是我自己。

那天，女儿正准备喝酸奶，当她把酸奶瓶的锡纸盖撕破之后，里面的酸奶洒落到了地板。

“你怎么能这样？”我顿时大怒，仿佛变成了恐怖的魔鬼。斥责声刚一落地，我连自己都感到心中一震，一种莫名的自我厌恶感油然而生。

“妈妈错了……”我边向女儿道歉，边伸手去擦洒落的酸奶。

那时的我已经无法正常控制自己的愤怒情绪。在银行办理业务时，哪怕是短暂的等待都会让我愤怒，进而立刻上前申诉不满，工作人员不得不连声向我道歉。其实这些根本不是什么严重的事情，但是我情绪为何会如此激动，其实，我自己也不知道。相反，在强烈的愤怒之后，我便会陷入深深的悔恨和自责之中。

“要是复发了该怎么办？”对癌症复发的忧惧使我彻夜不眠，逐渐地，我身体的痛苦和内心的恐惧开始变为莫名的愤怒，全都指向了弱小的女儿。正因为女儿的存在，我才与癌症坚强地抗争到今天，女儿就是我唯一的存在价值，然而，现在我自己为何又要伤害这唯一的存在价值呢？

“妈妈这么忙，你为什么不能早点儿睡呢？妈妈一会儿还得洗衣服，还得做饭！你能不能早点儿睡？快睡！”某天晚上，面对迟迟不肯入睡的女儿，我不由地大声斥责。由于丈夫已回家，我必须马上为他准备晚饭，于是内心的焦虑又开始无法控制。

看着还在磨蹭的女儿，我忍不住将她拉过来，“啪”的一声重重地打在了她的小屁股上，女儿顿时嚎啕大哭。

“别哭！”我大声吼道。

“阳子，你小时候是不是也挨过打？”看着歇斯底里的我如此对待女儿，一直袖手旁观的丈夫突然问道。

我顿时无言以对！

没错，我的父亲就是一个地地道道的家庭暴力者，我的母亲曾无数次地遭受他的暴力，饱受痛苦的母亲还将自己的手伸向了年幼的我！不仅如此，母亲曾多次将幼小的我放任不管，简直就是名副其实的放弃抚养。

我无法反驳丈夫，只是呆呆地站立着，我真的不知道该说些什么。

“那……你去哄她睡吧！”最终，我用尽全部力气对丈夫说。

伴随着幼年时代的种种回忆，悲伤和孤独开始涌上我心头，在家中，我越来越找不到自己存在的位置……

“橡皮”的记忆

那一刻，小时候偷同学橡皮的记忆突然浮现于我的脑海中。

由于没有在意，我曾将自己偷橡皮的事告诉了班里的一个同学，但不曾想后果严重到一发不可收拾。

“偷过别人东西的同学请站起来！”班上，老师严厉地看着大家，出乎我的意料，班里几乎所有的同学都陆陆续续地站了起来。我顿时害怕起来，没想到自己无意中的一个行为竟然会牵连到如此多的同学。其实，我偷别人的东西并非因为自己家庭条件困难而感到心里不平衡，只是当时鬼使神差般的行为，如今却闹到如此严重的地步，我的心里懊悔不已。

最终，母亲被老师叫到了学校。跟母亲交流之后，老师了解了一些我的家庭状况，不仅说了偷橡皮的事情，还向母亲讲诉了我被同学欺负的事实。

虽然遭受父亲的暴力后，母亲也将我作为泄愤的对象，但是在家里我十分听话，对弟弟也是照顾有加，母亲常常把我当作与自己年岁不差上下的妹妹一般，对我十分信任和依赖。所以我无法想象，在得知自己乖巧的女儿竟然在学校有如此糟糕的表现时，母亲会是何等震惊？

当天放学回到家，我发现餐桌上放着一封信，是母亲写给我的。

“阳子，妈妈小的时候也偷过别人的东西，每个人一生中总会犯几次错误。但是，当意识到自己的行为确实不好时，你一定要认真反省，保证以后绝对不可以再犯。妈妈从那以后再也没有私自拿过别人的东西，妈妈相信你也能如此。”这封信是母亲在一张广告纸背面用圆珠笔写的，估计是在上班之前匆匆写的吧。

这是母亲第一次给我写信，她能坦然地跟我讲诉自己的过错让我惊讶不已，因为在我的记忆中，母亲从未说过“对不起”或是“我错了”等道歉的话。

读完母亲的信之后，我将信认真叠好，并将它一直带在身上很长一段时间，如同自己的护身符一般珍视。

此时我为什么会突然想到这些呢?

女儿磕断牙齿也无所谓?

丈夫不辞辛劳地工作，供养着我和女儿，我从心底里十分感激他。患病之后，也正是因为有丈夫的存在，我才能坚强地度过每一天。但是，我多么希望他对这个家、对我能够更加关心和体贴。我渴望他能更加珍惜我们两人在一起的时间，因为宫颈癌一旦复发，我可能将会永远离他而去。

时刻在想自己到底还能活多久，这或许就是癌症的可怕之处。

我不知道自己的人生到底还剩多少时间，所以只想好好地珍惜现在的每一天，但是所有的一切都让我如此失望！我多么希望彼此能珍惜这个宝贵的三口之家，与女儿开心、快乐地过好每一天，然而现实却完全相反。

“难道你忘了我做过癌症手术吗？”“为什么所有的事情都让我一个人做？你不能帮帮我吗？”渐渐地，我开始责备丈夫。

一天，正在阁楼玩耍的女儿突然摔倒，脸重重地磕在了地上，下颌刚刚长全的牙齿也被磕断三颗，血淋淋地扎在牙床上。我立即将女儿送到医院，医生说必须使用麻醉药将断牙拔掉。

“妈妈也帮着一起摁着孩子！”按照医生的指示，我同护士一起拼命将女儿的头抱住。

看着如此幼小的女儿被打了麻醉，我的心如刀绞，好不容易长出来的牙齿现在却要被生生拔掉。她是女孩子，所以我又特别担心将来的新牙会影响到她的脸型。

“是吗？那么可怜呢！”晚上，当我把白天的情景讲诉给丈夫之后，丈夫的反应却让我大失所望。

“你怎么能这么说呢？你根本不心疼女儿！”我很生气。

“怎么不心疼？我不是已经说了很可怜吗？”丈夫辩解道。

自己的女儿磕掉牙齿、忍受疼痛，丈夫却如此冷漠，他的口气和态度让我实在无法接受。而最让我痛心的是，还是病人的我因为担心女儿而四处奔走、精疲力尽，可丈夫对于这所有的一切并没有任何安慰与感激。

癌症让我变得越来越脆弱，无论如何，我都无法战胜它给我带来的不安与恐惧。

失去子宫，也同样可以拥有正常的夫妻生活

虽然两人的心在不断走远，但是作为夫妻，我和丈夫之间并非完全没有“爱的交流”。

我是宫颈癌患者，在手术中又被切除了子宫，因此常常被人们问及夫妻生活之事。事实上，即使接受手术、失去了子宫，我和丈

夫的夫妻生活仍旧可以正常进行，所以大家千万不要误解。

在接受手术半年后，我跟丈夫恢复了正常的夫妻生活，但从我自身来讲，由于伤口并未完全愈合，因此根本没有心情去想那方面的事情，至于丈夫那时候的心情如何，我也没有问过，所以不得而知。曾记得丈夫讲过，术后医生将切除的子宫和囊肿部位拿给丈夫看时，他很受刺激，再无法吃鱼白寿司，所以术后半年当中，丈夫或许一直都在以自己的方式体贴和关心着我的身体。

听起来或许有些矛盾，但是在术后那段时间里，虽然没有心情与丈夫欢爱，但我心里却十分空虚。作为女人，自己失去了最为重要的女性器官，心中已是惴惴不安，所以当无法进行正常的夫妻生活时，心中就会更加空虚和寂寞。

更重要的是，与男人不同，女人在性生活方面通常都是“心”在先，“身体”在后，我希望能够在丈夫的爱抚之下，安心地享受对方给予自己的爱。所以当这一切能够恢复正常时，从某种意义上讲，我紧绷的心也难得地放松下来。

然而，即使伤口愈合、身体间的欢爱也已恢复，但是我和丈夫内心之间的裂痕却已无法弥补。

丈夫的心早已远去

我决定搬家!

自从患病以来，每天闷闷不乐的心情一直困扰着我，但是突然有一天，我的心情豁然开朗了，心中迸发出了新的冲动——我决定买新房，然后将它布置得漂漂亮亮。因为在我看来，焕然一新的家、宽敞明亮的新房就好似希望的象征。我们一家三口要高高兴兴地住进新居，然后重新振作起来，和和美美地生活下去!

我这样做，同时还有另外一个理由：我并不知道自己还能活多久，所以必须趁现在购买一处新居，当有朝一日我离开了，便可以将它作为遗产留给女儿。在此之前，我对购买新居没有任何兴趣，但是现在我必须抓紧时间了。

接下来，我便和母亲一起驱车前往各个百货商店和郊外的大型家具店，提前开始为自己的新居物色家居用品。家具该买哪种的呢？窗帘该用什么样的呢？看着眼前无数的家居用品，憧憬着梦想中的漂亮新房，我心里别提有多高兴了！由于是新建公寓，所以我的新家从竣工到入住还需等待一段时间，但是我已经迫不及待了！

然而在这件事上，丈夫却似乎并不积极。

“那么贵的房子……”起初他完全不理解，但是看着如此坚定的我，丈夫总算勉强答应了下来，但仍旧不予配合。

“这个地板怎么样？这个壁纸好吗？”我满怀期待地向丈夫征求意见。

“你自己喜欢就行了！”盼来的却是冷冷的应答。

于是以此为导火线，争吵便开始了。

独自一人时，我也曾反省自己，但是丈夫那“心不在焉”的冷漠究竟为何，那时候的我却从来没有认真思考过。或许是我失去了子宫？或许是术后很长一段时间没有夫妻生活？或许是因为我再也无法生育？或许是因为那时的我终日闷闷不乐……而现在，真正的答案我已不得而知。

总之，术后心中那挥之不去的恐惧撕裂了我的家庭，也夺走了丈夫的心。

丈夫的心，早已远去。

女儿想爸爸

丈夫回家的时间越来越少了。

“咱们的女儿是我的第一个孩子，也是最后一个。”有一天，当丈夫回来以后，我坐在他面前，一字一句、无比真诚地对他说道。

“我已经不可能再生孩子，所以现在我没有退路可走。我只想跟咱们心爱的女儿还有你，一家三口和和睦睦、开开心心地生活下去，好吗？我会保护好咱们的家，然后等你回来。”我知道，丈夫早已远去的心永远都不会回来了，悲痛和绝望似乎要将我的身心撕裂，但我仍旧控制着自己的情绪坚持把话说完了。

丈夫默默地点了点头。

接下来的日子，自己到底是如何度过的，我已记不清楚，或许只是短短的几个月时间，但是对于整日翘首期盼丈夫归来的我来说，每天都是度日如年般的痛苦和难熬。

“妈妈，爸爸呢？”女儿每天总会无数次地问我这个问题。

“爸爸去上班了。”每次我只能如此回答，“爸爸去上班了……”

从小，女儿就跟丈夫特别亲近。

“爸爸！爸爸！”或许是女儿实在太想爸爸了，有一天她正在阳台上玩耍，突然手指着楼下大声叫道。我赶紧跑过去一看，原来是一辆车型、颜色与我丈夫的完全相同的车正在减速进入停车场。

“爸爸！爸爸！”女儿继续大声叫着，特别兴奋，但是很快便发现那根本不是爸爸的车。

“不是爸爸……”女儿顿时失望了。我也失望了。

“爸爸……爸爸……”好久，女儿都站在阳台上这样叫着。

我不知道，看着曾经幸福美满的家一天天走向支离破碎，幼小的女儿是何感受？

啃早餐面包的女儿

等待的人始终没有归来，而无尽的等待，超乎想象地摧残着我的身心。

我开始卧床不起，患病之后，身体的不适和失眠于我早已司空见惯。与丈夫之间的感情疏远让我骤然失去了作为一个女人的自信，所有这一切是不是因为我失去了子宫？我的内心无比自卑……

“没有子宫的女人……”“不完整的女人……”这些话语一直纠缠着我，总也挥之不去。在我看来，宫颈癌就是自己失去丈夫的唯一理由。

“如果自己当时不患病，所有的一切都不会发展到如此地步……”我开始了无尽的自责。

不知不觉中，我连正常的起居都开始变得艰难，每天晚上在安眠药的作用下才能勉强入睡，但第二天醒来后大脑却一片恍惚。每当我无力起床时就会一直蜷缩在被窝里，直到睡醒的女儿过来将我叫醒。

“妈妈，起床！妈妈，快起来！”女儿推推我。

“别叫，妈妈还想再睡一会儿……”我说着，却仍旧无法动弹。

每次遇到这种情况，女儿基本上都会无奈地走开，不是在一边静静地玩玩具，就是独自一人看录像。一般快接近中午时我才迟迟下地，因为我知道这个时候女儿大概已经饿了，所以我只能挣扎起床为她准备饭菜。

渐渐地，我开始懒得洗澡，也不愿化妆，并开始足不出户，根本没有心情和力气去做任何事。我只想一味地蜷缩在床上，希望自己就这样静静地消失，不去想任何事情，而所有的一切却越来越糟糕。尽管虚弱的我还是抱着一丝希望，苦苦地等待着丈夫的归来。

这样的状态到底持续了多久，现在我已无法准确地回想起来了。

终于有一天，女儿的一个举动猛然将我从长久的颓废中唤醒。

那天，我跟往常一样蜷缩在床上，透过房门可以看到在客厅的女儿。中午？还是傍晚？现在我已记不清那是什么时间，只记得自己恍惚地躺在那里，一动不动。卧床不起的我根本不知道时间的流逝，如果女儿不叫嚷肚子饿，我也绝不会起身为她做饭。有时我自己没有食欲，所以误以为女儿也不会饿。

“妈妈，”女儿走到我身旁说，“我饿了。”

“餐桌上，有面包。”我仍旧无力动弹，半天才张口回应。

今早，不，或许是昨天的早餐面包袋正敞着口摆在餐桌上。

但是，由于面包在桌子中央位置，因此女儿即使踮起脚尖也无法够着。我躺在那里看着女儿想极力抓住面包袋，但是连一句“能够得着吗？”“可以吗？”都无力问她，只是木木地看着。

只见女儿先是爬上椅子，然后小心翼翼地站起来，伸出小手从袋中取出一块面包，紧紧攥着面包又从椅子上爬下来，坐在地上啃了起来。

女儿在凭自己的力量拼命地活下去！她的身影，让多日来卧床不起的我是那么刻骨铭心！虽然我只是静静地看着，并没能伸手帮她，但是我的脑海中却在不停地呐喊：“我不能如此下去！我不应该再如此下去！”

照此下去，不仅仅是自己，连我宝贝的女儿都会被牵连进来。多少天来，在这偌大的房子里，我跟女儿孤苦地等候着丈夫的归来，然而我知道，丈夫已经不会再回头了，难道我的一生都要在这里守候吗？不，绝不能这样！

跟丈夫分手吧！分手后，开始自己新的生活！

决意分手

最终，我成了单身妈妈，那个我曾经极力维护的小家，在我患癌后仅仅两年的时间里，终于彻底地崩溃瓦解了。

为什么会是如此结局呢？

宫颈癌随时都可能复发，术后 5 年内，我的生存率为 50%，而如今只过了短短的两年，自己每天都在癌症复发的不安和恐惧中度过。丈夫离开了，难道自己今后要在这不安和恐惧中将自己的女儿抚养长大吗？

癌症夺去了我的子宫，现在为何又要贪婪地夺走我心爱的家庭？

最要命的是，自己眼前没有任何工作。由于刚做过手术，我根本无法马上外出工作，况且饱受精神和肉体折磨的自己，又能胜任什么工作呢？尽管我勉强坚持下来了发声训练讲师的工作，但也根本无法维持我们母女二人的生活，沦为了单身妈妈的自己，如今失去了生活保障。

走投无路时，悔恨像龙卷风一般在我心头刮起：决意与丈夫离婚真的是自己唯一的出路吗？

回头想想，到底从什么时候开始，自己，不，应该说整个家就变成如此状态了呢？出院回到家后，当与丈夫产生感情隔阂时，我究竟做了哪些努力？除了无尽地责备丈夫，自己又做了些什么呢？

癌症手术之后，所有的一切都不再是原样，从被宣告为宫颈癌的那一刻起，我的人生就发生了翻天覆地的变化。癌症改变了我的一切！

癌症的确诊、子宫的切除、术后生死未卜的境遇，这些都让我深陷绝望和痛苦之中！然而，我做梦都没有想到，出院之后的生活更让我备受煎熬。在经受过无数炼狱般的日日夜夜之后，我又失去了丈夫、失去了家。癌症给我带来的苦痛到底何时才会终结？难道这就是所谓的“癌症”吗？

无尽的悔恨缠绕着我。我的心好痛好痛，甚至无法正常呼吸。然而，除了跟丈夫离婚，我别无其他选择。

事到如今，悔恨已无济于事，摆在我面前的，是必须前行的道路。从现在开始，我必须好好地抚养女儿，我必须好好工作！

“对了，去东京工作！”我要离开大阪，再也不愿与分手后的丈夫生活在同一个城市。

2003 年 3 月，在离婚后的第二个月，我来到了东京，在品川区一个名为“西小山”的地方，为了生存，开始了独自一人的全新生活。

那时的我，已无任何退路。

抛下女儿独自去东京的单身妈妈

我把离婚的事告诉了母亲，于是母亲哭着向我讲述了当年生我的情景。

母亲年轻时遇上了父亲，之后便怀上了我，然而母亲的父母坚决反对这门婚事，要求她将孩子打掉。

“但是，我无论如何都想把你生下来。”母亲含着泪说。

或许母亲是想告诉我，当年她是如何拼死将我生了下来的吧。虽然没有直接说出口，但是我想她一定是想告诫我：千万不能自寻短见！

有人或许会觉得无法理解：即使不愿意生活在大阪，但干吗非得去遥远的东京呢？肯定有人会认为：只要回到娘家，我和女儿的基本生活就可以得到保障，又何必独自一人去闯荡呢？然而，对于那时的我来说，不是“非得去东京”，而是“只能去东京”，留在日本国内，已是我的最大让步。如果没有女儿，我肯定会不假思索地选择纽约或是其他国家的某个城市。

在大阪没有太多的工作出路，这也是我选择东京的理由之一。

但是，我在东京找到工作之前，我需要母亲帮我照顾女儿，因为上班之后可能需要外出应酬，所以如果将女儿带在身边，我必须把她安置在全天营业的托儿所，而这对于幼小的女儿来说实在是太残忍了。

“等工作稳定下来，我就回来接孩子。”如此保证之后，母亲便答应了我的请求。我想，为了自己身心俱伤的女儿，母亲也在尽自己最大的努力。

出发当天，我打算先将女儿送到母亲家里，之后再将女儿的行李送去。当我拿着行李再次来到母亲门口时，听见里面传来了女儿阵阵的欢闹声。她笑得那样开朗，我不由得停下了脚步。

是弟弟夫妇特地来看望女儿了，听起来，他们玩得非常开心。那一刻，我对弟弟夫妇感激无比，但是我不想因为自己的到来而打断女儿欢快的笑声。

“女儿，妈妈对不起你！”我颤抖着将女儿的行李挂在了大门把手上，然后毅然决然地转身离开，忍痛踏上了开往东京的新干线……

到达西小山站，我穿过人声嘈杂的商业街，不远处便是一处低层公寓。这里便是我在东京租赁的临时住所：一间10平米左右的房间，透着一股昭和时代的古老气息，与大阪那处有50平米起居室的硕大公寓相比，简直是天壤之别。

虽然房间昏暗狭窄，但这便是我如今唯一的栖身之地。那个自己曾经苦苦经营的心爱的家已在瞬间内灰飞烟灭，就好似从来就不存在一般。丈夫出走，抛下我和女儿厮守度日，而现在，就连我可怜的女儿都被留在了大阪。

随后，术后两周一次的定期复查终于变为了半年一次，幸运的是，癌症没有复发，也没有转移。但是今后会怎样，连我自己都不知道。对我来说，有太多太多的“没有”和“否定”，而眼下最为迫切的就是工作，甚至丈夫留给我唯一的女儿，我也无法跟她生活在一起。对于我来说，“家”已不复存在。

如今，环顾四周，自己孤身一人的临时住所里没有任何摆设，真可谓是“空空如也”，但是我想，我已一无所有，所以今后也没有任何东西可以再失去了。

“没关系，从现在开始，所有的一切都会有的！”我默默地跟自己说。

周围的嘲笑与医生的诊断

我每天都很想念女儿。

为女儿准备早餐、帮女儿洗澡……所有照料女儿的画面在我脑海中不停地闪烁。离开女儿我才真正体会到：无论自己承受了多少痛苦，正是为了照顾女儿才使我不甘堕落、坚强地活了下来。

我真的特别怀念昔日里一家三口快乐幸福的时光。

渐渐地，我开始逃避在附近的超市购物。在这里，我没有朋友，也根本不会有谁认识自己；外出时，为了不被别人认出来，我总会用帽子深深地将自己的脸遮上。现在想来非常滑稽，然而当时我却唯恐被别人看到，所有的行为都很神秘古怪。

“那个女的离婚了，多可怜啊！”

“听说她把女儿留在大阪，一个人来东京了，多狠心啊！”

渐渐地，我开始听到这样的声音，明知不会有人认出自己，但却总觉得人们都远远地看着我、议论着我，而我的周围都是一些无形的、不怀好意的恶人，大家都在嘲笑我这个一无所有的女人……

没错！我就是一个一无所有的女人！这个世上，没有一个人需要我！

工作的时候我总是精神抖擞，而工作结束之后，我便完全成为了另外一个人。

偶然的一次机会，我去附近的医院接受内科治疗，医生意外地告诉我：我患上了“抑郁症”！

每天都会传来的《晚霞渐淡》之歌

在出租屋内，我总是整天蜷缩在床上，甚至无力拉开窗帘。早上屋内没有阳光，到中午时分，太阳就会透过窗帘照射进来，不久便又逐渐消失。

我窝在残留有一丝热气的被子里，一动不动。每到傍晚，大概是5点多吧，《晚霞渐淡》之歌的悲伤旋律就会从远处传来，不知是市政府还是附近的小学播放的，每天如此。

“一天又结束了。”每当听到这首歌，无地自容的悔恨之感便会向我袭来，我十分想把它从心中驱赶出去，然而不论我怎样努力，包裹我全身的悲伤却总也挥之不去。

在被诊断为抑郁症之后，我之前身体不适的所有谜团豁然解开，但同时，我整个人又再次陷入了终日卧床不起的状态。

某天因为感冒发烧，我去了附近一家医院的内科，这家医院的普通内科同时还设置了精神内科，于是我被转诊到了精神内科，为我做出“抑郁症”诊断的医生宛如亲密朋友一般跟我交流。

“晚上能睡着吗？”在询问完所有的感冒症状之后，医生问我。

“睡不着……”顿时，我的眼泪夺眶而出。

不知不觉中，我向医生讲诉了自己的种种不适症状：倦怠无力、疲劳、失眠，还有别人议论自己的各种幻觉等。虽然医生并没有发问，但我却把自己长久以来的痛苦经历都滔滔不绝地讲了出来：与丈夫感情不合、离婚；把心爱的女儿留在大阪，独自一人来东京工作；工作不顺利，以及所有这一切的起源——宫颈癌手术和子宫切除的痛苦经历……诉说中，我还想起了失眠是从出院之后开始的。

我不知道自己诉说了多长时间，15 分钟？ 20 分钟？我一直都在拼命地向医生哭诉着自己的过去。

“是吗？原来是这样啊？”“你太不容易了！”医生亲切地点点头，不时地回应着我的诉说，直到我讲完所有的话。

“你太不容易了！”医生看着我的脸，温柔地说道。刹那间，我那尘封已久的心一下子融化了！患病两年多来，我从未将内心的伤痛向母亲、丈夫以及朋友诉说，而现在，当我把藏在心里的这一切向眼前的医生倾诉之后，我感觉自己的身心顿时轻松了许多。

“松田女士，你现在处于一种抑郁的状态。我给你开点儿改善睡眠的药，你愿意吃吗？”医生看着我的脸询问。

我默默地点了点头。

好友来访

我并没有将患上抑郁症的事情告诉母亲。

我怕母亲会说："孩子也想妈妈，你赶紧回来吧！"虽然现在的我处于半卧床不起的状态，但是我还不想回去。

"我每天特别难受……"假设我将自己的身体状况如实告诉母亲，如果我能在母亲面前将所有的一切哭诉出来，那么我想自己早已迫不及待地飞回大阪了。但是我做不到，因为我没有工作，眼下我必须努力地去找工作。为了今后能够与女儿好好地生活在一起，作为单身妈妈的我必须想办法找到工作，拼命去挣钱。

那时我的心中只有一个信念——必须坚强！这个信念一直在支撑着我，告诉自己一定要好好地活下去。

就在这时，孩童时的好友由美突然出现在我面前。自从来到东京以后，我从未与由美联络，于是她一直放心不下，特地从大阪赶来东京看望我。

"因为没有钱坐新干线，所以坐长途巴士来的。"由美笑着说，据说她在路上花费了10个多小时。

“啊，阳子！看见你，我就放心了！”朋友的到来，感到欣慰的应该是我，然而由美却看着我的脸这样说。

坐在我多日来蜷缩不起的床边，由美开始打量我的房间。

“这么小的房子啊，比大阪的温泉房子中孩子的房间都要小呢！”我看见由美眼里噙着泪，她在为我流泪。

啊！自己背井离乡来到东京，孤独一人住在如此狭小陈旧的房子里，而且还患有抑郁症，整日卧床不起……原来，在由美眼里，眼前的我是如此可怜。

难得由美来趟东京，可我却没有带她去任何地方玩，两个人只是懒懒地横躺在床上，一直说着话。为我担心、专程从大阪赶来看望我的好友，她的到来是那样让我感动！即使聊天中断，两人都默默无语时，我也能感受到她一直在为我担心。那一刻，我的心无比温暖！

“但是，由美，对不起，我没能跟你说实话……”我在心中默默地说。最终，我还是没有勇气将自己患有抑郁症的事实告诉由美。

由美走后，我的心顿时一片空白。在自己最为痛苦的时候，有朋友真切地为我担心，我真的非常高兴！但同时，孤独和寂寞也越发在我的内心深处不断蔓延开来……

用最简单的方法去死

当被医生诊断为抑郁症时，我并没有太多震惊，相反，心里还因此而释然了许多。或许这样的表达并不恰当，但是我当时的心情确实如此。

除了癌症，我还患上了其他的病。

“去死吧！你这样的人，快去死吧！”不知是谁在说话，但是这样的声音一直回荡在我脑海里。在离婚前那痛苦的深渊里，这句话也常常在耳畔响起，那时的我已到了极限，走投无路，就想着先结束女儿的生命，然后自己再去死。

这样的想法不只一次。

等女儿睡着后再想办法一起死吧！但是，如此可爱的孩子，我怎么舍得勒死她？怎么舍得用刀子刺死她？那，我就自己去死吧……就这样，我无数次地犹豫着，而偏偏此时，女儿似乎觉察到了什么，总也不肯乖乖入睡……

现在，虽然开始服用治疗抑郁症的药物，但我自杀的念头却依旧无法消除，只因终日卧床不起，我根本没有体力挪动身体，没有力气跳楼，也没有勇气割腕，没有可以上吊的绳子……可是，现在没有人再需要我，我活着没有任何意义……

“那就停止呼吸去死吧！这样最简单。”那时的我特别认真，于是屏住呼吸，拿被子将嘴捂住，闭上了眼睛。渐渐地，我开始越来越痛苦……

虽然痛苦，但是为了死，必须要忍耐！我将嘴闭得更紧，鼻子开始抽动起来，我感到大脑深处开始一阵阵地刺痛和麻木，然后突然一片空白。当痛苦的感觉不断加重，我眼前开始昏暗，看到橙色的金光闪烁，躺在床上的我开始眩晕……

“啊啊啊啊，不行了！”最终我再也无法忍耐，猛地将嘴张开，用力地深吸了一口气。不知是痛苦还是悔恨，我的眼眶早已充满了泪水……

我不停地喘着气。

“呜呜呜……我怎样才能死呢？”眼角的泪珠滚落到脖子，它流过脖颈，在那里留下了一道冰凉的痕迹……

第 3 章

为他人回归工作

一场电影改变了我

犹如晴天霹雳般地被确诊为宫颈癌以来，两年的时间过去了，但因为宫颈癌的复发通常都在术后三年之内，所以这三年之内我不能有任何的松懈，还需再等待一年时间。而看似短短的一年，等待却是那样漫长和痛苦。

“早知如此痛苦，还不如当初不接受手术，痛快地死了算了……”当初，医生和周围那么多人极力挽救了我的生命，我曾是那样感激他们，但当所有一切都开始走向绝望时，我开始后悔自己当初的决定。

“我根本就是一个没用的女人……”

“我一无所有，而且还患上了抑郁症……”

“今后我该如何活下去……”

我还记得与丈夫离婚前的那个秋夜，那天我独自一人站在黑暗的阳台角落，静静地眺望着星光闪烁的遥远高空。在浩瀚星空中，我找不到自己人生的方向，也不知道该如何选择前进的道路。我没有工作，也即将失去丈夫、失去心爱的家，我的眼前一片迷茫……

这时候，走投无路的我不得不从东京回到大阪。

然而，就在我依旧深陷于痛苦和绝望的深渊总也无法自拔时，偶然邂逅的一部电影让我的人生彻底发生了戏剧性的改变。

在大阪梅田的一个电影院，我看到了这部电影——《超越边界》(2003 年、导演：马丁·坎贝尔)，一切是那样偶然。

那天，我走在街上，无意中看到了电影院外张贴的海报，于是便决定进去看看，然而，正是这偶然的邂逅为我指明了事业和人生的发展方向。其实我想，就在我看到电影的那一瞬间，自己一直以来的迷茫人生便开始清晰了起来。

这是一部描写难民生活的影片。虽然由好莱坞著名影星安吉丽娜·朱莉担任主演，但从主题上来讲，它或许并不十分引人注目。

而事实上，由于自己也只是不经意走进了影院，我对影片的具体内容也全然不知。然而，当电影开场的瞬间，我整个人都被深深地吸引住了。

“如果说，每个人都具有使命的话，那又为何不去找寻呢？”

主人公娓娓道来，我的心瞬间被打动了。

影片中，安吉丽娜·朱莉扮演一个衣食无忧、生活富裕的主妇，她放弃了自己现有的优越生活，冒着生命危险前往难民营，积极参加由 UNHCR（联合国难民事务高级专员公署）组织的各种难民救助活动。

“啊！”看着影片，我不由地惊叫了起来，记忆中的一幅画面突然闪现在了脑海中：苍茫的黄色大地上，在扬卷着尘埃的狂风中，一群乞讨的孩子正紧紧地拽着我的衣角。“Money(钱)！Money(钱)!”他们嘴里不断重复着这个单词，紧紧拽着我衣服的手久久不愿松开。这时，只见其中一个孩子一边伸手向我要钱，一边不住地摔倒在地，我低头仔细一看，原来他一条腿的大腿以下部位已被截掉……这是我 25 岁左右进行世界旅行时，在斯里兰卡亲眼目睹的惊人一幕。

埃塞俄比亚、柬埔寨、车臣……影片不断切换着镜头，一一描述着那里饱受战争和贫困折磨的难民生活。我被其中的感人故事深深打动着，渐渐地，思绪掠过影片中悲惨的难民生活，回到了两年多以前自己所经历的一切。

原来我如此富有

突如其来的宫颈癌、子宫切除手术、抑郁症、离婚、没有工作……我已经一无所有。短短两年，我失去了所有一切。我曾无比痛苦和绝望，甚至失去了活下去的勇气，然而看着影片中难民营的悲惨境况，我忽然发现自己错了。

我并没有失去一切！相反，我是如此富有！

我住在能遮风挡雨的宽敞房子里，拥有足够的食物；当身体不适时，我可以随时前往医院接受治疗，并且可以买到各种药品；而且我出生在安全的日本，丝毫不用担心卷入无端的战争而死去。仅仅这些，就足以说明我有多么幸运和幸福了！

相比之下，放眼全球，每天有多少国家和地区在爆发战争？又有多少人因此而沦为难民呢？在那里，孩子们因饥饿和疾病失去幼小的生命，妈妈们也死于无情的炮弹之下。房子、食品、医药品……这些在日本司空见惯的东西，在那些地方却成了许多人无法实现的梦想。

两年来，经历了种种不幸的我曾是那样痛苦和绝望，但是仔细想想，除了难民，其实在我的周围，每天又有多少人正在经历着他们的不幸？他们的心境或许比我更加痛苦、更加绝望，但是所有这一切，之前我都不曾认真思考过。

看着电影，我思绪万千……我不知道自己能做些什么，但是此时此刻，一个坚定的信念在我心中涌起：我必须为这些饱受痛苦的人们做点儿什么！

我还记得在癌症手术前，自己独自躺在病床上的祈祷：

“求求你，请一定让我活下来！如果能活下来，我一定要为他人而活下去！”但是两年来，我又为谁而活了呢？那么多人挽救了我的生命，可是出院后，我却从未为他人做过任何事情！

每天，我只在乎自己的感受，我自私地认为，这个世上只有自己如此痛苦，只有自己在辛苦地努力着……在自己狭隘的世界里，我不断地将自己推向痛苦的深渊。

回头想想，这两年来，宫颈癌、离婚、抑郁症……曾有多少信号不断地提醒我：必须丢弃狭隘的自我，为他人而活！然而我却始终视而不见，执迷不悟地徘徊在自己的孤独世界里。那时，如果我能及时醒悟，并且及时改变自己的生活方式，那么我也许将不会……

现在，我已经彻底觉醒！从这部电影中我终于领悟到：我要为他人而活！我要向那些痛苦的人们伸出援助之手——这就是我的“使命”！

虽然我的愿望听起来再简单不过，但此时此刻，我激动不已，不只为那感人的电影故事，更是为我自己。我知道，我已不再迷茫，我要回归工作！“为他人而活”——这就是我踏上全新征途的座右铭。隐约中我看到，指引自己前行的曙光就在前方不远处……

我究竟能为他人做些什么？

目标虽然明确了，但是由于我正处于抑郁症的严重时期，所以并不能立刻做一些重大事情。但我也知道，如果不马上行动，自己的激情或许就会渐渐消退，终将一事无成。我必须逐步行动起来！

“我到底能为他人做些什么？”我躺在床上,漫无目的地思考着。

现在想来，自己就是从那个时候开始走上了回归生活的道路。在这里我想告诉大家：让我焕然一新的只是与某部电影的一次偶然邂逅，而并非多么特殊的重大事件，所以只要有信心，谁都可以成功地回归生活，可以重新开始做自己喜欢的任何一件事情。

我曾经梦想自己有朝一日能从事联合国的相关事务，所以在看完那部感人的电影《超越边界》之后，我便开始收集相关信息。很快，我发现联合国难民事务高级专员公署正在招募翻译，于是我便决定义务承担这项工作。

由于这项工作只在限定的时间内开展，所以很快就结束了。为了能够投入具体的难民援助活动，我接下来打算捐赠自己仅有的微薄收入。但是，那时的我因为没有稳定的工作，所以每次最多也只能捐赠五千日元。照这样，别说能否真正帮助到难民，恐怕我的内心也过意不去。

究竟还有什么更好的办法呢？我能否发挥自身特长，把自己的梦想更好地坚持下去呢？

“对了！我是歌手，难道不可以通过唱歌的方式来进行援助吗？”一个念头突然在我的脑海闪现。我从五岁开始，便由作为歌手的婶婶带着登台演出，但是由于家庭原因，在坚持了五六年之后，我便不得不放弃了歌唱。二十多岁的时候，我又重新开始了自己喜欢的歌唱事业，并且曾在纽约著名的万豪国际酒店从事演艺工作。

要不，举办一场慈善演唱会怎么样？唱歌、主持以及活动策划，这些都是我擅长的领域，也是我曾经从事过的工作，所以如果举办慈善义演的话，我既可以唱歌，也可以担任主持，不需要任何费用，到时只需在会场设置一个募捐箱不就可以了吗？

一想到能用自己的工作为社会做出一些贡献，我顿时精神了许多，决定从自己最擅长的领域开始。曾经的我每天都那么颓废，但是现在却要为帮助他人而努力振作起来，尽管一切还只是构想，但却让我精神焕发，真是神奇！

我很快与一位从事活动策划的朋友取得了联系，在说明了我的构想之后，朋友立刻痛快地答应协助我开展活动。非常幸运的是，由于种种机缘巧合，我们的构想和计划进展得非常顺利，很快我们便成功地租到了神户港湾大会场。

我们决定利用圣诞节这个绝佳时机，举办一场圣诞节慈善义演，很多企业也答应为我们提供赞助。

整个演唱会以我为中心展开，所有的构想、流程和形式也都是我自己独创的。出乎我的预料，活动当天居然吸引了五百多名观众前来观看。

我为活动的组委会取名为“self”，希望自己和所有的人都能够珍惜和爱护自己。

我们还邀请了滑稽演员、街头艺人以及自行车越野赛选手作为整个活动的嘉宾前来助阵，并成功地募集到一笔可观的捐款。当时新泻县不幸遭遇了地震灾害，于是我们决定将这笔款项捐赠给当地受灾的人们。直至今日，新泻县县长亲自为我颁发感谢状的那一幕依旧历历在目。

从筹备到实施，所有一切都在很短的时间内飞速地进行着。在这短短的时间内，从组织工作人员、与当地政府部门沟通，到联系赞助企业，我奔波其中，积极为活动寻求后援、召集观众，我还多次前往警察署，请求他们批准我开展此次活动。所到之处，我会将自己的义演构想讲诉给每一个人，得到了他们的大力支持和协助。

我已好久没有像现在这样，为了自己心中的明确目标而努力了。家庭主妇、癌症患者、抑郁症患者……在这一瞬间，这些头衔似乎都已离我远去，我已不再是从前的那个自己。在活动成功结束之后，我的内心感到前所未有的满足和充实。

然而，这美好、充实的一切并没有持续太久。

义演结束，我骤然倒下了，如同废人一般无法动弹——抑郁症如波涛一般再次向我袭来，而且来势更加凶猛。在义演活动中，我精力充沛，然而，现在我全身的能量似乎都已彻底耗尽，起身喝水成为我所有气力能达到的极限。

此次义演并未让我真正实现回归工作的梦想……

该对癌症患者说些什么？

“阳子，你最近好吗？我儿子的事情，实在是对不起你！”就在义演准备工作最为繁忙时，前夫的母亲打来了电话。

婆婆告诉我，在我们离婚不久，丈夫很快便再次组建了家庭，而且他们的孩子马上就要出生了，这让我勉强忘却的伤痛再次卷土重来。

“孩子……出生……”我不禁将手伸向了自己腹部子宫的位置。我已经失去子宫、无法生育，而对方却将很快再次拥有自己的孩子……作为女人、作为母亲，我已经无法得到幸福，但丈夫却在欣然享受。面对这突如其来的打击，我的心开始颤抖……

我依旧清晰地记得，在女儿出生时我内心的喜悦和幸福！然而，眼前的自己虽然还处于可以生育的年龄，但却永远失去了拥有崭新生命的幸福资格……想到这些，痛苦和悲伤再次从我的心底猛烈涌出，我开始呼吸困难……

“真的对不起！”婆婆向我道歉，电话那头的她似乎察觉到了我的难过。

自从与丈夫结婚以来，婆婆就像对待亲生女儿一般对我疼爱有加。因为她女儿的名字与我相同，所以婆婆便认为我们之间注定有缘，于是每天“阳子、阳子”地直呼我的名字，与我无话不谈。

还记得就在我新婚不久的一天，丈夫外出喝酒，直至很晚都没回来。那天外面下着雨，我和婆婆担心他醉酒后躺在路边被雨淋着，于是两人便冒雨外出寻找丈夫……

在我怀孕后，我和婆婆还曾相约一起去学习高尔夫球。由于击球时用力过猛，婆婆将球棒的顶端部分“呼”地一声击飞了，于是我们两人站在那里捧腹大笑……我们还一起去温泉旅行，偷偷地潜入了写有“禁止入内”的澡池……

婆婆自己也曾多次离婚，饱受了人生的挫折与痛苦，因此她总能体谅别人的心情，而且在遭遇痛苦的时候，她也总能微笑着面对，并将痛苦化为生活的动力。虽然她没有任何过错，但是对于自己儿子所做的一切，她无数次地向我道歉。

“你们离婚才这么短的时间，可他却那么快地就……真是太狠心了！”婆婆再次向我道歉后接着说道：“阳子，其实，我……得了癌症。”

“妈妈您……癌症？”刹那间我惊呆了，自己被宣告为癌症时的情景瞬间浮现在了脑海：不停闪烁的留言电话、电话中医生无数次的“必须马上”、给丈夫拨通电话时的恐惧、与泪流满面赶回来的丈夫相拥而泣的那个夜晚……那时的我是那样恐惧和绝望！

一时间，我不知道该说些什么。我拼命地回想着：在得知患上癌症的那个时刻，自己希望别人说些什么呢？

婆婆患的是乳腺癌。我和丈夫离婚的事情曾让婆婆十分牵挂和伤心。我不停地想，会不会是因为这个原因她才得了癌症呢？是不是我们的离婚让她悲痛不已，最终导致了今天的悲惨结局？

“妈妈，咱们两个人都是癌症患者！”许久，我才忍着悲痛故作轻松地回应道。

我必须坚强地面对癌症这个事实！患了癌症固然可怜，但那时的自己并不希望别人同情，现在面对同为癌症患者的婆婆，我也不想表示同情。正因为经历了癌症的痛苦，我才希望能够用自己特有的话语去鼓励婆婆。

“妈妈，只要接受手术，癌症就能治好的。我已经坚强地活了下来，妈妈您也肯定没有问题！妈妈，咱们一起努力好吗？”我的眼泪就快要掉下来了。

我知道，婆婆现在一定在被巨大的恐惧和孤独包围着，而曾经的自己也同样如此。但是，我们决不能就此屈服。对于癌症患者来说，恐怖的不是“癌症”，而是“向癌症屈服的自己”！此时安慰不是最重要的，重要的是与对方携手渡过难关。

“是啊！阳子你那么坚强，我也不能屈服啊！”婆婆说。

“对，对！一定会治好的！咱们两人都一样，所以今后一起加油好吗？”就这样，我和婆婆反复地鼓励着对方，如果我们面对面的话，我想两个人肯定会手拉着手，紧紧地拥抱在一起。

电话中，我尽力鼓励婆婆，而所有的话最终似乎都变成了对自己的鼓舞。从那一刻起，我内心深处对于癌症的认识开始发生了改变……

“无法生育”的恋爱

在得知丈夫即将拥有自己的第二个孩子时，我之所以那样震惊和痛苦，或许是因为那时自己也开始了一段新的恋情。

与丈夫离婚后，我一直都无法想象自己还会爱上别人，但是一次偶然的机会，我与同班一位男同学久别重逢，由于性格相投，在相约外出吃饭过程中，两个人便产生了对彼此的爱慕之心。随着在一起的时间渐渐增多，我们自然而然地开始了交往。

然而，随着感情的不断增进，我开始无法掩饰自己内心的焦躁与不安：我必须将自己失去子宫的事告诉他！在没有离婚之前，对于无法再生育的事实，我和丈夫都心领神会，不需要做任何的解释，但是一旦当自己重新恋爱，作为一个女人继续生活时，结果就大不相同了。

在自己爱上另外一个人的瞬间，“无法生育”这个事实又将我推向了痛苦的深渊。

长久以来，即使是面对女性，我都无法坦言自己失去子宫的事实，更何况面对异性。因为我不知道，如果向一位男士说出自己没有子宫的事实，对方会以怎样的眼光看待自己，会不会认为我已不再是女人？

如果读这本书的你是位男士，那么请你告诉我：如果有人告诉你她没有子宫，你会是怎样的感受呢？实际上，当邻居的一位大伯知道事情真相后，曾没有任何恶意地对我说：“没有子宫的话，那不就跟穿着女装的男人没什么区别了吗？”

现在，面对自己心爱的男人，我更加无法启齿，因为，我害怕知道真相的他会离我而去。我是那么爱他，也希望能够和他携手走进婚姻，但是一旦两人的感情发展到谈婚论嫁的地步后，“孩子”的事情必定会被提上日程。如果到时候自己才逼不得已说出事实，这对他未免过于残忍了，所以无论如何我都不能再隐瞒下去了！

那天，就在我们两人曾经相遇的地方，我打算将所有的事实告诉他，可自己的心中却无比痛苦！我不知道，在这个两人爱情开始的地方接下来会发生什么？曾多少次，我欲言又止，决定放弃，但是“今天必须说出来”的念头却又在不停地催促着自己，于是我越来越焦急。

最终，就在彼此心生爱意之后不久，我将自己在宫颈癌手术中失去了子宫的事实告诉了男朋友。

“啊？”仅此一声后，对方便开始沉默。

瞬间，时间似乎静止了，我也只能随之沉默。怎么还没有回应？他到底会说些什么呢？我心中越发不安起来……

“那么，咱们就分手吧！”我想他应该不会这样回答。

“没关系。”感觉过了好久好久，他终于深吸一口气。

虽然只是只言片语，但是这个回答却让我顿时欣喜若狂。

我的心终于放松了下来，在感激他善良的同时又悲伤不已。当初为了生存，我只能选择摘除子宫，而这个让我活下来的决定，如今却不断折磨着我……

“如果当初患的不是宫颈癌，我还会如此烦恼吗？”“如果我失去的不是子宫而是别的器官的话，自己还会因为结婚的事情而困惑吗？”我从未想象无法生育的事实会让自己如此痛苦不堪。

坦言之后的我并没有从痛苦中得以解脱，而对方也一定因为我的告白而陷入了深深的痛苦。但是“没关系！”这句话是那样真诚，没有丝毫的虚假，这对于失去子宫的我来说，是一种极大的肯定，是对我人生价值的一种尊重。

然而，最终“没关系”的日子并没有持续太久。随着两人感情的不断加深，我们开始认真地考虑今后的生活，但越是认真，那个原先觉得“没关系”的事实就越困扰着我们的生活。

在极为短暂的一段共同生活之后，我们还是分手了。

“对不起！我真的想跟你结婚，可是……我还是希望有自己的孩子。”看着远去的他，我又怎能去责怪呢？

我也想和他在一起啊！可是我现在却无能为力！我从心底开始憎恨自己，憎恨自己失去了子宫，但是如果当初不摘除子宫，自己又怎能活到今天？或许这就是我的宿命。而面对如此命运安排，我又该如何是好呢？

我是妈妈，也是歌手

因首次义演的疲劳，加上个人生活不顺的打击，我再一次陷入到卧床不起的状态。虽然在抗抑郁症药物的治疗下，我的身体和精神都逐步恢复了，但是好景不长，每当工作一段时间或是遭遇挫折之后，我整个人就会重新垮下来。就这样，我无数次徘徊在健康和抑郁之中，久久不能解脱。

抑郁症很难迅速痊愈，在每次经历了几乎称得上是“狂热状态”的精力充沛阶段之后，我又会骤然陷入到更加严重的抑郁状态。然而无论如何，自己为他人而做出的努力，最终促使了我成功回归工作。

慈善活动中的演唱增强了我成为一名歌手的自信，而且也坚定了自己要以一名歌手的身份回归工作的决心。之后，我报名参加了大阪著名的音乐餐厅——火鸟·阿鲁沙主办的歌手选拔大赛，并且成功地通过选拔，成为了那里的一名正式歌手。

火鸟·阿鲁沙是一家二层楼建筑的音乐餐厅，在这里人们可以边用餐边欣赏演奏，环境非常优雅。在我刚开始工作的那段日子，乐队人数常常会超过观众，更别说达到座无虚席的程度了，所以我每次演唱前，都不知道自己该将视线投向何处。但演唱一开始，我就不会去在意台下观众的多少，哪怕只有一个人，我都会用心地为他唱好每一首歌。

渐渐地，除了那些经典曲目之外，我开始演唱自己创作的歌曲。提到我创作的歌曲，我还得感谢自己的宫颈癌经历。听起来有些不可思议，但在住院期间，我脑海中常常会浮现出许多优美的旋律，甚至有时候还会爆发创作歌曲的灵感。

患病之前，我一直渴望有一天能够演唱自己的原创歌曲，但是当时并不知道该如何创作，然而在患病之后，旋律就像雨点一般不断地出现在我的脑海中。我无法解释其中原因，但是冥冥中我总能感到：老天在夺走我子宫的同时，又赋予了我另外一种能力。

就这样，我踏上了创作型歌手的发展道路。而恰恰就在这段时间，著名的赛车选手片山右京先生作为嘉宾来到火鸟·阿鲁沙，为我的演唱会加油助阵，当时自己那激动万分的心情到现在我都记得很清楚。右京先生是我在法国尼斯法语学校留学时的好友，当时已是F1赛车选手的他住在摩纳哥，而我就住在边上的尼斯，所以两人成为了很好的朋友。

时隔十多年，我们在偶然的一次活动中再次相逢，于是我便趁机邀请他来观看我在火鸟的演唱会，没想到他爽快地答应了，并且主动上台助演。右京先生非常喜欢我的那首《Land——和平的土地》，他在之后的达喀尔汽车拉力赛时，还将其作为了自己的赛事主题曲。

除了朋友，让我最受鼓舞的还当属自己的女儿。一天，我将女儿带到了演唱会现场，看着与家中完全不同、穿着漂亮演出服的我，女儿十分意外和高兴。

“妈妈好漂亮，妈妈好漂亮！我也想穿妈妈这样的衣服！妈妈，你要是不穿了，能给我吗？”真不愧是女孩子，女儿可爱的话让我忍不住笑出来。

“我妈妈是歌手！我妈妈的歌唱得可好呢！”之后有一天，当我去幼儿园接女儿的时候，碰巧听到她正在跟别的小朋友炫耀自己的妈妈。看到女儿因我感到自豪时，我不禁心头一热……

没错！我是女儿引以为荣的妈妈，同时也是舞台上的一名歌手。女儿的话给了我很大的信心和力量，她在不知不觉中已经长大，现在能为我加油鼓劲了！

在经历了那段因无法生育而挫败的痛苦恋爱之后，我更加深切地感受到：女儿就是自己今生唯一的孩子，我要给她更多的爱！

从第一次义演开始，我不断地努力前行，希望能够帮助更多的人。虽然每次我都只前进了一小步，但所有这些前行的步伐都证明了：我回来啦！

抑郁症是癌症的后遗症

一切虽然看似进展顺利，但事实上，随着工作量的增加，我身体和精神所承受的压力也在不断增大。

在每次癌症复查之前，复发的恐惧依旧让我惶惶不可终日，长久以来的抑郁症状也没有丝毫减轻的迹象，依旧整日折磨着我。每天服用的药物数量在随之增多，其中最主要的是安眠药和抗抑郁药。我整个身体经常酸痛不堪，只有服用药物才能勉强维持正常生活。

抗抑郁药物可以让心情放松，消除我的一些负面情绪，但同时其带来的副作用也让我难以忍受，有时候我甚至会觉得，药物副作用带来的痛苦要远大于抑郁症本身。每天，我整个脑袋像被蒙在了薄薄的塑料袋中，昏昏沉沉的不适感总也挥之不去，同时记忆力也在不断下降。

这段时间，最让我头疼的是在担任主持人的工作中，我根本无法记住台词。每次上场之前，我都会反反复复地翻看台词，尽力争取全部背诵下来，然而无论记多少遍，台词本上的文字只会从两眼间穿行而过，根本无法进入大脑。“来不及了！”每次我都是在无比焦虑的状态下拼命地坚持着工作，事后我也曾多次极力去回忆自己在台上说了些什么，可是大脑却一片空白。

无论如何，工作中的自己还可以勉强振作精神去努力，但在个人生活方面却截然相反。例如，与风帆冲浪的伙伴们约好第二天下午 4 点会面，可第二天我却眼睁睁看着钟表的时针滑过 4 点，身体却根本无法挪动。在药物的副作用下，我的身体总是倦怠无力，同时再加上工作之后的疲劳，整个人都会陷入一种无法动弹的状态。那时候，或许大家对我的行为都已习以为常，以为我就是一个没有时间观念、自由散漫的人呢！

还有一次在与同事们外出旅行时，由于服药原因，我也曾陷入过无比恐慌的境地。那天原本计划旅行只逗留一天，但大家在到达目的地之后突然决定再延长一天，可我却只备了一天的药。“没有药怎么办？”我顿时陷入了无法言表的恐慌。好不容易坚持了一宿，等第二天乘火车返回时，我的脸色开始变得苍白，浑身冷汗淋漓，嘴也不听使唤。

“阳子，你怎么了？不舒服吗？”朋友几次关心地询问，但是我却只能竭尽全力回答一声“没事儿”，因为我绝对不能把抑郁症、服药治疗这样的事情告诉工作伙伴，否则今后可能就不会有人再愿意与我一起工作了。

最可悲的是，就连自己的好友，我都无法向她们说出我的真实现状。滑稽艺人“北阳组合”的伊藤女士曾是我的一位“驴友”，在我患病期间，我们曾多次一起外出旅游。

“阳子，你现在恢复得这么健康了！那时候，你难受的样子真是太吓人了！”数年之后再次相遇时，她还讲起了当时那般痛苦的我。当然，那时我也没有勇气将事实告诉她，因为我怕她会觉得我是一个“服用抗抑郁症药物的可怜女人”。比起对我的同情，我更愿意让朋友们误认为自己是一个没有时间概念、自由散漫的人。

就这样，我没有将自己的病情告诉任何人，独自一人承受着抑郁症带来的无尽痛苦，但如今想来，自己完全可以把抑郁症当做癌症的一种后遗症来对待。癌症夺走了我太多的东西，而如此折磨自己的抑郁症，其实也是癌症带给我的巨大痛苦之一。

不断加剧的双重人格

为了能够更好地宣传演唱会和慈善活动，我开设了自己的博客，由于正处于“抑郁”与“狂热”的冰火两重天境地，我当时的博客日记完全都是自己真实生活的写照。

“我每天都是如此快乐，健康、快乐地生活真好！”“健康、快乐是我的最大优点！”在筋疲力尽，甚至是无力张嘴的日子里，我上传的日记内容却都是欢快和积极的。

工作中的我精神饱满，会微笑着面对所有人，而这些发自内心的真诚笑容，在工作结束时随时可能瞬间消逝。

即使现在打开博客，我都能看到当时那个几乎崩溃、身心完全混乱的自己。在某一天的博客中，我写道：

“……这本书浅显易懂、非常有趣，根本看不出是出自一个精神科大夫之手。以前，我总以为精神科十分神秘和恐怖，但这本书改变了我对它的印象。如果今后我有烦恼的话，我想我会轻松地前去咨询。我有一个朋友正在接受神经内科的治疗，当我把这本书推荐给她之后，她便一口气将它读完了，并且告诉我她终于不再那么恐惧去医院了。这真是太好了！”

我想说，其实日记中的“朋友”并非别人，就是我自己。

在博客中，我只字不提自己患上抑郁症、正在服用药物的事情，也完完全全地隐瞒着自己在接受治疗的事实，但是我却渴望倾吐、发泄自己内心的不安与痛苦！

不知不觉中，我又患上了焦虑症和社交恐惧症。

但是，为了女儿，我必须要坚持工作。

积压数十年的愤怒一触即发

我决定将自己患上抑郁症的事实告诉母亲。

在患上癌症之初以及癌症术后，我都一个人承担着所有的事情，没有依靠丈夫，也没有依靠母亲，但也正因为如此，我的身心都受到了极度的伤害。如今，我处于严重的抑郁状态，如果有一天完全无法行动时，我必须要拜托母亲帮我照顾女儿，所以我不能再对母亲有所隐瞒。

然而，就在我将所有事实向母亲告知之后不久的一天，一件事情彻底地改变了我们母女二人的关系。

那天，母亲打算开车外出办事，而不巧当时我正在借用那辆车。或许因为母亲要办的事情非常重要，又或许只是她一时的牢骚，当我正行驶在半途中时，无法及时拿到车的母亲给我发来了一条短信：

“每天跟你一起生活，连我自己都要患上癌症死掉了！”

这是真的吗？

顿时，我的心脏似乎停止了跳动，紧握方向盘的双手开始变得僵硬……

“去死！你这样的人，早点儿给我去死！”不知是幻听还是真的有人在说话，这个声音不停地在我耳边回响。

妈妈，你太过分了！你怎么能对患有癌症的我这么说呢？我好不容易鼓起勇气向你坦白自己患上了抑郁症，可现在你居然对我这个癌症患者、抑郁症患者说什么“患上癌症死掉”之类的话！

“好吧！既然你这么说，那我就死给你看！”我决定撞车结束自己的生命。

“不，我现在不能死。”转瞬间，我改变了主意，在死之前我必须亲口问问母亲，为什么要对我说出如此过分的话，等问完了，我把自己所有的话跟她讲完了再去死也不迟！于是我调转车头，直奔母亲的住所。

“妈妈！你怎么能跟我说那样的话？患上癌症死去？如果你能体谅我的心情，你怎么会说出如此过分的话？给了我生命的妈妈如今却这样说我，你让我如何承受？没错，妈妈你既要照顾抑郁症的女儿，还要照顾年幼的外孙，我知道你非常辛苦。但是你知道吗？现在最辛苦、最痛苦的人是我！要是没有一个人爱我，要是妈妈你也这么对我的话，我……我又该怎么活下去？”

我越说越激动，几年、几十年来积压在心中的压抑、孤独和愤怒同时爆发了出来。

“我记得妈妈曾经跟我讲过，你不顾父母的反对拼命将我生了下来，对吗？可是如今，自己拼命生下来的孩子正在经受着痛苦，而你却用如此过分的言语对待她！如果你真的那么恨我的话，那好，我现在就死在你面前！”有生以来第一次，面对着母亲，我愤怒了。

从小时候开始，我一直压抑着自己孤寂、悲伤的情感，在母亲面前努力表现得成熟、懂事。等到长大成人，我也尽量通过保持距离的方式跟母亲和谐地相处。然而，今天我第一次将自己心中所有的苦楚、对母亲的不满毫无保留地宣泄了出来。

看着向来温顺的女儿第一次如此愤怒，母亲惊诧得目瞪口呆，久久站在那里不知如何是好。我能看出母亲窘迫的表情，但是她并没有说出任何表示歉意的话，哪怕是一句简单的“对不起”。是的，母亲是一个不轻言“对不起”的人，多少年来一直如此。

但当我的负面情感全部爆发、不满情绪宣泄完毕之后，我的心中顿时不可思议地轻松了许多。或许对于母亲来说，我的话太过残酷，但是我所说的都是事实，心里并不后悔，而且这一次我真正做到了直面母亲。

在这次情感激烈爆发之后，我又陷入到无法动弹的境地。让我意外的是，在这之后，我和母亲的关系却开始朝着好的方向发展了。

“阳子！阳子！”在我接受癌症手术、由手术室被推往病房时，母亲是那般撕心裂肺地呼喊着我的名字……每当想起那时的情景，我就会忍不住掉眼泪，或许母亲与女儿之间的情感已经超越了简单的“喜欢”或是“讨厌”，无论发生什么事情，两人的心都会紧紧地连在一起。

如果说战胜癌症之后有些事情发生了巨大改变，那无疑就是“人与人之间的关系”，这同时也是我成功战胜癌症的重要原因之一。多少年来，我和母亲之间不和谐的关系犹如“癌症”一般潜藏在我的内心深处，然而通过自己的癌症经历，心中那块“癌症”般的乌云已在不知不觉中渐渐散去。

在家乡举办难民援助活动

《超越边界》中安吉丽娜·朱莉扮演的主人公就职于UNHCR，对我来说，自从邂逅这部电影以来，我就一直希望自己能够加入其中，为难民援助做出一些贡献。

在之后，我曾极力用自己的实际行动与UNHCR保持着联系，比如义务担任UNHCR的笔译工作，多次在自己的演唱会现场设置募捐箱，并将珍贵的募捐款捐赠给UNHCR。除此之外，在演出或录制广播节目时，我也都会尽力把难民援助作为话题来谈论。

例如，我会告诉大家，在日本，“和平”虽然理所当然，但我们一定要好好珍惜，因为地球上的许多其他国家，每天都有大量的孩子因为战争无端地死去。我希望通过与大家的交流，让更多的人知道难民援助的重要性，随后再逐步开展援助活动。

就在这段时间，我被邀请担任“日本加入联合国50周年庆典活动”的主持人。50周年庆典，这是多么具有纪念性的一个活动啊！自己能有幸参加，或许真是一种特殊的缘分。

在举办自己的首场慈善演唱会时，我曾前往UNHCR拜访，前来接待的工作人员坦率地告诉我，他们一直以为到目前为止共有三个“松田阳子”存在。我听后不禁大笑了起来，据说当得知笔译志愿者、善款捐赠人和此次慈善活动主办人都是我时，他们惊诧不已。

之后，在许多人的激发和鼓励下，我决定正式成立自己的志愿者团体——“self”。过去，我都是在别人的邀请下参与各种援助活动的，但是为了能够自主地从事难民援助和其他一些志愿者活动，我需要建立一个自己的平台。现在，拥有了“self”这个平台，今后的我便可以更好地将募捐活动、讲演会和演唱事业继续做下去了。

非常幸运的是，我得到了许多人的支持和帮助。

在2007年的年末，我成功地在自己演唱事业的主场地——大阪的音乐餐厅火鸟·阿鲁沙，举办了首场“松田阳子慈善演唱会”。而且从2008年开始一直到现在，我每年都作为嘉宾参加东京神宫外苑焰火大会。这里能容纳大约两万人，在绚烂的焰火升空之前，我就站在如此壮观的场地上为大家演唱。对歌手来说，这里简直就是我大显身手的绝好舞台。

从第一次受邀开始，在主办方的大力支持下，我成功地在焰火晚会现场设置了募捐展台并进行了募捐活动。在这里，我不仅能让如此多的观众听到我的歌声，还可以向他们讲述世界和平和生存的价值。而所有这一切对我来说，都是求之不得的大好机会，因此内心无比高兴和感激。

另外，在我的家乡——关东地区的镰仓市，我也成功地举办了一次难民援助活动。偶然的一次机会，我前往附近一家荞麦面馆就餐，席间跟面馆主人聊起自己所从事的工作时，他立刻表现出了非常浓厚的兴趣，于是我们当场决定在当地联合举办一场难民援助活动。很快，我们的计划得到了市教育委员会、旅游协会和当地政府的批准，最后居然还得到了镰仓市各大公共团体的大力协助。整个活动进展得快速而顺利，其规模也超出了我们当初的想象。

在观看《超越边界》时，我曾暗自下决心："今后一定要为他人而活下去。"如今，在点点滴滴的努力下，我那时的愿望也在逐渐变为现实。在每一次活动成功结束之后，我的内心都会感慨万千。

通过结识很多朋友，我在其他领域的愿望也在逐步实现……

女儿脸上的创可贴

除了平日里各种活动的司仪工作之外，我又幸运地被邀请与格斗家魔裟斗先生一同参加日本完美电视台的一档节目，其间担任魔裟斗先生的英语教师兼主持。作为歌手，我在歌唱领域也有了意想不到的发展：我被邀请为日本 MBS（每日电视台）的著名节目——《水野真纪的神奇厨房》片尾主题歌作词、作曲，并且亲自演唱。我还为 UNHCR 编创了歌曲《生命》，并在联合国举办的各种活动中多次演唱。

但是，在这里，我必须要向大家坦白一件事情——关于我和女儿之间。其实，在这段时间里，我又开始将自己暴力的双手伸向了女儿。

对于失去子宫的我来说，女儿就是我今生唯一的孩子，所以说出自己的暴力行为让我心痛不已。但是，我必须鼓起勇气讲述给大家，因为现在我才知道，有不计其数的父母同我一样，虽然疼爱着自己的孩子，可是却无法控制自己暴力的双手，因而饱受痛苦和悔恨的折磨。

一个人如果过于难为自己的话，总需要寻找一些发泄的方式，我就是如此。随着工作繁忙程度的不断加重，我的情绪开始变得像癌症术后那般焦躁不安，面对女儿即使是小孩子最为常见的撒娇和任性行为，我都没有丝毫的耐心去对待。不知不觉中，有时生气时，我就会向女儿动手。

“为什么不听妈妈的话？”首先是大声斥责。

“快点儿！”随之便忍不住动起手来。

“为了教育孩子才动手”或许是许多家长的托词，但我想这不是唯一的理由。认真想想，在每次动手打孩子之前，我们是不是都处在一种疲劳和焦虑的状态当中？在我们需要发泄时，碰巧孩子就在身旁，这时候只要他们有些许的撒娇或任性，那么无疑便会充当我们进行情感宣泄的对象。

那时的我并不懂得反省，也一直自以为是出于教育孩子的目的才向她动手。然而，直到有一天，我和女儿之间发生的一件事彻底地推翻了我那荒唐的借口。

由于工作的原因，我必须经常将指甲修剪得很长、很细，就在那天我伸手打女儿脸的瞬间，指甲不小心划到了她的脸颊。

“啊！”我刹那间吓呆了，而此时，女儿的脸上已渗出了一道鲜红的血印。

“疼！疼！妈妈，疼……”虽然划破的伤口只是一小点儿，但女儿却非常夸张地大声哭嚷着，顿时，年幼时的悲伤记忆在我的脑海中浮现出来。遭受母亲暴力的自己曾是那样痛苦不堪，然而现在我却在重蹈母亲的覆辙。

眼前的女儿仍在抽泣着。

“对不起，妈妈真的对不起……”我哭着向女儿道歉。

“我们要坚决反对暴力！”

在外面，我如此大谈特谈志愿活动和世界和平，然而在家中，我和自己女儿的关系却如此糟糕。在外人面前的我是那样刚直，但在家中却动辄向女儿施加暴力，简直很虚伪和卑鄙。对于无法再生育的我来说，女儿是那么珍贵，可我却在肆无忌惮地伤害着她。我是怎样一个狠毒的母亲啊！

父母一旦将暴力的双手伸向孩子，从此之后就会轻易丧失自己内心的罪恶感，每次伸手时，都会认为当时的暴力行为并不要紧。就如同我越陷越深的抑郁症一般，父母一旦动手，之后对孩子的暴力程度就会不断升级。

我绝对不可以再动手了！抑郁症带给我的痛苦和工作的繁忙，这些都与女儿没有任何关系。如果自己不下决心，暴力是不会自行消失的。

就在这件事发生的第二天，恰逢当地举办地区运动会。我拖着沉重的身体赶到了会场，看见女儿正在参加赛跑。看着女儿可爱的身影，我暗自发誓：从今往后，绝对不再随意向女儿动手。

运动场上，女儿正在拼命地向终点跑去，稚嫩的脸颊上清晰地贴着一片创可贴……

绝对不能死

2010 年，在大阪举行了一场旨在号召人们预防乳腺癌的“粉红丝带”大型慈善宣传活动，我担任主持。当时，歌手陈美龄女士作为嘉宾来到现场，为大家讲述了自己的癌症经历。在讲述中，她多次提到：“与癌症抗争，为了孩子坚强地活下去！”她的痛苦经历和生存信念与我很相似，因此在整个主持过程中，我一直都在极力控制着自己的眼泪。

其实在三岁那年，妈妈带我去的第一次演唱会，便是陈美龄女士的演唱会。我想，如果自己被宫颈癌夺去了生命，今天就不会与她同台交谈。

但是，如果我没有患上癌症，即使是健康地活着，或许今天也不会作为主持人被邀请来。不，正因为宫颈癌没有复发，所以此时此刻，我才能如此近距离地倾听有同样癌症经历的陈美龄女士讲诉她的感人故事。

患有癌症而痛苦不堪的人们、因为家庭不和而悲伤的人们、独自一人抚养孩子的人们、饱受抑郁症折磨的人们……我想我的经历会对所有正处在痛苦漩涡中的人起到一定的启发作用。当然，如果目前尚未经历这些痛苦的人也能够倾听我诉说，我会同样非常高兴。

请大家记住：世上每个人都可能患病，就如我突然患上宫颈癌一样，我们中的每一个人都可能随时随地遭遇不幸的命运。在癌症病痛的折磨下，我曾无数次想要结束自己的生命，但在患病期间相识的无数朋友的鼓励下，我坚强地活了下来。

如今，我觉得自己能够活着是那么美好的一件事情！

患病期间，在我与母亲和女儿之间的关系得到改善之后，我还不可思议地结识了那么多善良和优秀的朋友，周围的人际关系也随之融洽起来。

在结识那些善良和优秀的朋友之后，我从他们那里获得了从未有过的“生存力量”。所以，我绝对不能死！人只要活着，就会有他的价值！

有那么多的人虽然面临死亡，可却在为他人而努力地活着；也有那么多的人虽然死了，可他们一生的事迹却永远刻在我们心中，不断激励着我们。如果可能，我也希望自己能像这样，为他人而奉献一生。

所以，为了实现自己的梦想，我必须牢牢记住：自己决不能死！

第 4 章

将宿命变为使命，坚强活下去

成为“见证人”后的我获得了更大的勇气

一天，在我第二场演出结束之后，我正站在会场入口处欢送观众退场时，突然走来一位男士，他默默地将自己的手机递给我。

手机屏幕上显示了这样几行字：“我因为疾病的原因不能说话，原来松田阳子女士您也经历了那么多的痛苦。今天，您的故事和演唱给了我很大的鼓舞。”原来，刚才在演唱过程中，在我讲了自己经历癌症和抑郁症病痛后又作为歌手重新回归工作的故事之后，这位男士被深深地打动了，于是忍不住上前向我表达自己的感动之情。

“您带病前来观看我的演唱，我才要好好感谢您！”我心中的感激之情油然而生，不知不觉中，两人的手已紧紧地握在了一起。

还有一位购买 CD 的观众也过来跟我说话。

“明天，我就要离婚了……”她低着头，强忍着眼中的泪水。

在来观看我演唱会的观众当中，许多人都正经历着人生中最大的痛苦。有人坦言自己患了癌症，并戴着假发前来观看演唱会；有人失去了自己最爱的人，有人一心支撑着患病家人……他们或正在遭受抑郁症的折磨，或正在因为各种各样的原因而痛苦着。然而，在听完我的歌曲、我的人生经历之后，他们都似乎得到了很大的鼓舞。

无论身处何种痛苦处境，一个人总会在某个瞬间借助他人有形或无形的力量发生改变。而对于这些正在经历着人生巨大痛苦的观众来说，我便是他们摆脱痛苦瞬间的“见证人”。而在这个瞬间，我自己也收获了巨大的力量——生存的力量。

在与癌症和抑郁症抗争的日子里，我得到了无数人的激励和鼓舞，也感悟到了人生的许多哲理。这些感悟改变了我那惨淡痛苦的人生，如今我感到无比幸福。所以，在这里，我要与大家一起分享我的这些感悟，希望能够帮助你也走出困境。

坦然倾诉——这便是改变我自己的最大感悟。

尽管内心深处依旧没有释怀，但是渐渐地，我开始有勇气在歌唱舞台上讲诉自己那痛苦不堪的过去……

倾诉可以化解悲痛

以前我一直认为，在舞台上我完全没有必要将自己那痛苦的过去讲述给陌生的观众，因为对于一个癌症患者，特别是我们这些宫颈癌患者来说，“坦然地倾诉”需要很大的勇气，并非一件简单容易的事情。但是，当我在唱歌之余将自己的人生经历讲述给观众时，我渐渐地感受到了我们彼此之间心在慢慢靠近。于是，从起初简单的“患病”告白开始，到“癌症患者”，直到最后的“宫颈癌”……我开始鼓起勇气在各种公开场合坦白自己的病情，而这最终的“宫颈癌”告白则彻底改变了我的一生。

坦白自己失去子宫的事实——即使是亲密的朋友，我都无法启齿。所以，当站在众多观众面前时，我需要更大的勇气。“子宫是女性最大的象征，而我却没有……”作为女人来讲，要将这句话亲口说出，我的内心无比抗拒，那种感觉似乎是要赤裸裸地站在大家面前一般。所以，最初我只能说自己“克服了癌症”，并没有讲诉所有的事实，我想这也是宫颈癌患者最为常见的表现。

直至最近，我才渐渐地开始告诉大家：我的子宫已被完全切除！

我之所以能够如此坦白，其中的一个原因就是我成功地跨越了50%的5年生存率。患病5年之后的今天，我成功地活了下来，所以当跨越这道巨大的生死边界时，我的内心终于得到了些许慰藉。同时，另外一个重要原因源自2009年12月那则重要的新闻报道：宫颈癌疫苗在日本的使用终于获得了许可。

当得知国家也在全力以赴采取措施预防宫颈癌时，我也在思考是否能为此奉献出自己的一份力量。既然宫颈癌能够预防，我们就应该避免让更多的女性遭受痛苦的折磨。宫颈癌不仅会给女性自身带来无法生育的巨大痛苦，还会使她的家人、朋友以及心爱的人痛苦不堪，导致患者的身心和家庭都遭到瓦解。所以，绝不能再视而不见了。

而如今我能够如此坦然地讲诉痛苦过去的最重要的原因就是他人对我的鼓励。“谢谢你！今生能遇见你太好了！”曾经有人这样跟我说，而那刻，我感动不已。在患病之后，我第一次觉得自己能活下来是如此美好的事情。当初，癌症剥夺了我的“生存权利”；而如今，我通过讲诉自己的癌症经历，又成功地找回了自己的价值。

记得在女儿上幼儿园大班时，一天她突然向我闹着要一个小妹妹。于是，我便将自己失去子宫的事实告诉了她：“妈妈呢，因为生病的原因，失去了肚子里生小宝宝的袋子。那时候妈妈的病特别严重，说不定就会死了。所以呢，妈妈为了能活下来，就用手术把生小宝宝的那个袋子拿掉了……”女儿默默地听着我的诉说，我不知道她会有怎样的反应，只觉得自己的心跳在加速。

“那……用胃来生不就行了吗？”女儿突然问。

“胃？”我不解其意。

“要是妈妈没有生小宝宝的袋子的话，那可以用胃来生啊！”女儿解释道。原来，那时候女儿好像刚刚看过了某个医学方面的节目，知道人体的胃是袋形的，与子宫相同，所以女儿以为妈妈可以用胃来给自己生一个小妹妹。

“如果用胃来生的话，小宝宝就会被胃吸收掉的。”听着女儿天真可爱的回答，我不禁笑了起来。我原本以为向自己女儿坦白自己失去子宫的事实会更加痛苦，但是眼前女儿天真的话却顿时让我轻松了许多，似乎幼小的女儿也在用自己的方式激励着我。

我们其实并不孤独

在自己渐渐能够鼓起勇气讲述过往经历之后，许多单位和团体都来邀请我，我参加各种研讨会和讲演会的机会也随之多了起来。

生产抗癌药物的世界著名外资制药公司——美国百时美施贵宝公司举办研讨会时，我曾作为讲演者前往参加，并且有机会在现场进行了演唱。日本国内销量最大、专门以预防和治疗癌症疾病为题材的著名杂志——《癌症援助》（科学证据社）也对我进行了采访。同时，在由“凯蒂猫”担任后援形象代表、由东京调频广播公司主办的“宫颈癌预防知识普及活动”中，我也曾两次受邀在电台中讲述自己的人生经历。

另外，我还受邀参加“橘黄丝带——预防虐待儿童”讲演会，同时在现场成功地举办了自己的小型演唱会。

不知大家是否听说过“橘黄丝带”这个词？我们都知道，“粉红丝带”作为防治乳腺癌活动的公认标识，在全世界都具有很高的知名度。而“橘黄丝带”则是以预防“虐待儿童”为目的，而开展的一项运动。

通过讲演等活动，我希望大家都能明白：对于癌症或抑郁症患者来说，任何一件微小的事情都会导致父母虐待自己的孩子。所有的虐待都有其必然的原因，只要我们了解并能意识到问题的严重性，虐待就会远离我们。

而每次讲演会开始、要登上讲台时，我都会紧张和不安。如果讲述自己小时候所遭受的虐待经历，我心里并没有太多的抵触；然而一想到自己要讲述对女儿的种种暴力行为时，我的身体便会开始僵硬，顿时不知如何表述。

自己居然在UNHCR的活动中冠冕堂皇地提倡世界和平呢！大家会不会嘲笑我？“真是一个失职的母亲！”自己会不会被打上这样的烙印？最重要的是，我不愿意让女儿听到这一切，但我更不喜欢只讲述自己所遭受的虐待经历，而对自己的恶劣行为只字不提，因为我不想让自己的讲述变得华而不实，华而不实的讲诉又如何能打动他人、改变他人呢？

我的讲述开始了，台下所有的妈妈们都在认真和专注地倾听着。除了我自己的声音，整个会场一片静寂，但却充满了热情。

我知道，她们在用心聆听我那血淋淋的家暴经历，也都能体会到我所讲述的都是事实：遭受母亲殴打的悲伤和痛苦，目击父母暴力相向场景时的恐惧，还有自己决心杜绝的暴力却在身心颓废时投向女儿的悔恨……

会场传来阵阵抽泣声。

“暴力会发生连锁反应！请大家记住：即使自己在家庭暴力中长大，但一定要在自己这里完全终止！我们绝不能再将暴力的双手伸向自己的孩子！”我喘口气，“我自己曾对暴力那样深恶痛绝，但我做梦都未曾想到，成为母亲后的自己却在重蹈覆辙！有时候，当我们处于身心疲惫的状态时，会因为一些极为细小的琐事向我们的孩子施加暴力。如果在场的妈妈中有人在为此而苦恼的话，那就说明您现在急需别人的帮助……”或许，这也是我自己内心渴望听到的话。

通常，施暴的母亲都格外疼爱自己的孩子，而孩子也深深知道这一点。

正因为如此，问题的严重性才会表面化，通常暴力就在背后不断升级。但这时候，我们不能一味地责备妈妈，因为在所有人当中，最缺少关爱的人其实就是妈妈自身。妈妈因为某种原因而忍受着巨大的痛苦，当无法忍受痛苦时，便会将手伸向自己身边的弱者。而这个弱者可能是卧床不起的老人，也可能是自己可爱的孩子……

“我深深地知道，没有一个妈妈会在殴打孩子之后心情舒畅。在精神状态不稳定的状态之下，即使自己拼命想做一个合格的妈妈，但却总也无能为力……”曾经的自己开始浮现在我的脑海里。

为了彻底消除家庭暴力的悲剧，最重要的是妈妈自身一定要认识到：自己并非孤立无助！

为了尽到一位“母亲”的责任和义务，自己可能会不断地陷入孤独境地，于是便会患上抑郁症或者向自己的孩子施暴。这时候，妈妈一定要知道：自己周围有许多人可以帮助自己，有许多妈妈都像自己一样正在经历着痛苦。

记得在癌症手术后回到家中，我一心只认为“没有人可以帮助自己”，于是就将内心的积愤投向了女儿。

遭受暴力后女儿那歇斯底里的哭喊声，我一生都不会忘记！

“妈妈们，请不要一味地指责自己！将自己的烦恼和痛苦讲诉给周围的人，大家一起帮着解决好吗？”我不禁提高了嗓音。我只是想让所有人都能明白：一个人最痛苦的感受便是“孤独”，而正在经历孤独的妈妈们其实并不孤独无助！

圆融的人际关系需要“爱的三原则”

记得一位专家曾这样讲过：“向孩子施暴，这毋庸置疑是虐待，而让孩子目击父母暴力冲突的现场也是一种虐待。”

《蓝色的天空，绿色的山丘》这首家喻户晓的歌曲，我上小学时也非常喜欢。偶然的一次机会，我与这首歌的作曲、同时也是儿童文学家的片冈辉先生就“家庭暴力”话题同台讲演。

从他那里，我学到了**“爱的三原则”——“温柔的表达”、“笑容”和“抚摸”**。

让我惊讶的是，这些都是我因癌症而得到的深切感受，同时也是消除我内心孤独感的方法。无论是抚养孩子，还是作为一名歌手或讲演会的发言人，如果按照这“爱的三原则”行事，那么，我与任何人都能进行良好的沟通和交流。

我会跟自己的母亲说：“妈妈，谢谢您生了我！”（温柔的表达）

与人分享美食时我会露出笑容，与人交谈时也会面带微笑。（笑容）

感谢关照过自己的人时，我会与他（她）紧紧握手，每天会同女儿一起洗澡，我还会将信亲手递给对方，从而实现真诚的肢体接触。(抚摸)

“您曾经动手打过孩子，可现在，为何母女二人的关系如此亲密呢？”有人这样问我。

许多母亲都会因为家庭暴力的原因使母女关系破裂，而如今，之所以我能与女儿的关系如此亲密，这要感谢通过与无数人相处的过程，我意识到了非常重要的一点：环境不会轻而易举改变，只有改变自己！之后，我开始试着改变自己，于是就有了幸福的今天。女儿没有任何变化，依旧是那么纯真和可爱，一切都是因为我自己发生了改变，而女儿也都看在眼里。

那时候，虽然没有清晰的认识，但是我实际上已经在实践着“爱的三原则”。我会常常“微笑”着向女儿“表达”自己对她的感激之情，并且尽可能地与她进行肌肤的“抚摸”。

环境不会立刻改变，但是只要有坚定的决心，每个人都能焕然一新。只要自己用心去爱，周围的人和环境就会随之发生巨大的改变。那时候如果我能早一日改变，那么，我就会更早地享受到和女儿间的天伦之乐。

如今，不管相隔多远，电话中每天都会传来女儿的问候；不管身在何方，女儿那快乐的声音都会让我觉得无比幸福！

“微笑”终会成为“真正的笑容”

现在我终于可以大声地说：自己的人生非常快乐！无论是工作还是家庭生活，我每天都过得很充实。

如果当初没有宫颈癌的侵袭，可能自己仍旧是一个家庭主妇守护着丈夫和孩子，但是否能如此充实和快乐就不得而知了。或许，不经历这些痛苦，我可能无法作为歌手重新回到歌唱舞台，也不会萌发术后“为他人而活下”的念头，更不会开始任何的志愿者活动。

每当想到这些，“人生苦乐同在”这句话就会在我脑海浮现。离婚的不幸结局最终促使我成为了一名歌手，患病的痛苦经历也成为了我激励和鼓舞他人的力量源泉。人生的痛苦磨难总会过去，终有一日会迎来属于自己的快乐和幸福，同时也会为他人而有意义地活下去。

无论内心多么痛苦，无论身患何种疾病，绝不能陷入自己的痛苦深渊而无法自拔，否则就会失去生存和幸福的希望。即使身处无尽的痛苦之中，但是如果能够想着并且努力为别人付出，自己就会不可思议地坚强起来。

直至今日，我依然时常回想起在住院期间与山下阿姨的共同努力——微笑。虽然徘徊在生死边缘、受尽病痛的折磨，但是人总会朝着光明和美好的方向努力地活下去。曾记得那时，每当我和阿姨开心逗笑、快乐相处时，身边的病友们总会不自觉地聚拢过来，在那一刻，所有的人都忘掉了身处医院的事实，尽情地享受着这来之不易的开心和快乐。

时刻与死亡作伴的住院生活本身没有任何的快乐，但我们却可以用心将微不足道的小事转化为乐趣并尽情享受。在身心痛苦的时候，或许我们的笑容会有些勉强，但这并没有关系，如果那勉强的笑容能够给自己带来真正的快乐，我们又为何不去努力呢？

无论身体健康与否、无论闲暇与否、无论贫富贵贱、无论男女老幼、无论何时何地，我们都可以轻而易举地让自己保持微笑。正因为痛苦，我们才需要快乐地生活；正因为痛苦，我们才需要给自己的生活添加快乐的色彩。

痛苦时的“微笑”是那么有能量，它可以消解我们内心的苦闷、悲伤与愤怒，可以让身患重病的人们获得新生。它鼓舞着周围所有的人，同时也拯救着我们自己。

学会示弱

环境只会随着我们自己的改变而改变。

如今，我一边工作一边照顾着女儿，一切看似都很顺利，因此许多人都会认为我已完全康复。然而，患病以来内心沉重的压力和紧张不安的情绪依旧困扰着我。

“自己一个人照顾孩子，还得工作……”“如果癌症复发了，我的女儿该怎么办？”我常常因此而焦虑不安。我是一个单身妈妈，必须独自一人抚养孩子，但是创作型歌手的工作又非常不稳定。而最重要的是，我虽然成功地跨越了 50% 的 5 年生存率，现在也已站在了“活着”的胜利阵地上，但是“宫颈癌症患者”的事实却永远无法改变。

不过，与离婚后那段痛不欲生的岁月大不相同的是，现在我终于可以在许多人的帮助下抚养孩子，这使我不再孤独无助，也减轻了自己内心的恐惧和不安。遇到困难时，只要我真诚、坦率地求助，周围的人便会立刻来到我身边，帮助我走出眼前的困境。

如今，无论是我的母亲，还是通过孩子相识的许多妈妈们，她们都是我求助的对象。在与妈妈们的各种育儿活动中，我们常常会带着孩子参观动物园、外出旅游，而且还互相照料着彼此的孩子。当今，抚养孩子的单身爸爸也不在少数，他们同样也会加入我们的行列，有时候我也会帮着他们照看孩子。

其中，大阪府桥下知事也是我众多育儿伙伴中的一位。我的女儿与桥下知事的三女儿同岁，当时通过育儿活动认识时，他还在从事律师的工作。虽然生育了六个孩子，但是知事太太却依旧那么美丽和苗条，这让我第一次见到她时感到惊讶不已！

2008 年桥下先生参加大阪府知事选举时，为了能够尽一份自己的声援之力，我便跑去“选举事务所”帮助打扫卫生。当时恰逢事务所正在寻觅选举大会的综合司仪，于是在他们的邀请下，我幸运地成为了“桥下阵营”的一名综合司仪。在之后的选举过程中，我与桥下先生以及其他的后援人员奔波于大阪的大街小巷，为其成功当选贡献了自己的一份力量，而这也成为了我人生中的一段宝贵经历。

就这样，我在众多育儿伙伴的支持与帮助下健康地抚养着女儿，最重要的是，在这个过程中，我还学会了“示弱”。

“我现在忙不过来，快帮帮我！”“我明白你的心情。”

这些都是妈妈们之间常有的对话。之所以大家能如此坦白和相互理解，那是因为我们都在育儿过程中经历着相同的烦恼和困惑。

我曾经选择一个人默默地支撑，不愿意求母亲或是丈夫的帮助。

然而，现在作为单身妈妈，我会坦然地向大家发出求救信号，这让现在的我感到轻松和释然。而且，伙伴们的鼓励和帮助让我不断地向前进步。这些年来的经历告诉我：一个人如果成功地迈出了眼前的一步，那么接下来他便会一步又一步、永无止境地向前迈进。

即使再坚强，癌症或者其他疾病都会让我们痛苦难耐、力不从心，那么，我们为何不学会示弱，求得他人的帮助呢？鼓起勇气迈出这一步，所有的困难都会迎刃而解。

婆婆的临终礼物

我很庆幸自己能有一个善良的婆婆。

准确地讲，我所说的婆婆其实是我前夫的母亲。按说，从离婚的那一刻开始，我和婆婆之间的缘分就算已走到尽头。然而在我和前夫结婚之前，我们两家人就有着很深的交往，所以即使在户籍本上我们已不是一家人，但是我和婆婆之间还一直保持着联系。特别是在婆婆患上乳腺癌之后，同样作为癌症患者的我，便与婆婆像战友似地互相激励着。或许，比起前夫，我和婆婆的缘分更深。

记得在我和前夫还没有离婚时，发生过这样一件事：自从做完宫颈癌手术，我的大脑中常常会神奇地浮现出一些旋律，其中就有《Land——和平的土地》这首歌曲。我也曾把这首歌曲唱给自己的家人听，当然也包括婆婆。

“阳子，你根本不适合做家庭主妇。你今后想不想做一名歌手呢？”在听完我的歌声之后，有人这样坚定地跟我说，而这个人正是婆婆。当时，由于术后不久，而且自己从未想过要从事歌唱事业，所以听到这句话时我顿时心底一震。

“妈妈，怎么会呢？对于我来说，丈夫和孩子就是自己的全部……”我如此回答，但是那时候，婆婆似乎看出了我内心深处的某种渴望。

如果婆婆希望自己能有一个好儿媳妇的话，根本不会赞成我去做什么歌手，她只会要求我在家全心全意地照顾自己的儿子和孙子。但是，“做一名歌手”——这个连我自己都不敢想的事业道路，婆婆却在积极地为我指引着方向。

“阳子，你的歌是最棒的！”在我成功地作为一名歌手走上歌唱道路之后，婆婆一直在为我加油鼓劲。

“我也要像你那样，好好努力！”在患上乳腺癌之后，婆婆也在顽强地与病魔抗争着。然而，突然有一天，我接到了婆婆的电话。

“阳子，我已经坚持不住了……”电话里传来婆婆从未有过的虚弱声音。我急忙跑去医院，发现病床上的婆婆已经消瘦无比……那时候，为了陪女儿共度假期，我正休假在家，于是决定利用这段时间好好陪陪婆婆。我握着病床上婆婆的手，回忆着两人在一起点点滴滴的往事。

女儿出生时，婆婆一直在为阵痛难忍的我按摩腰部；女儿出生后，因鼻子和嘴唇长得和我一模一样，婆婆抱着女儿欣喜若狂；婆婆教会了我做可口的炸鸡块；曾经我们两人醉酒大笑；还有在高尔夫球场那可笑的一幕……美好的回忆数不胜数，可是整个场面几乎都是我在讲述，而病床上的婆婆只是不时地点点头……

不久，婆婆便永远离开了人世。

当天晚上，我看见女儿独自一人静静地站在阳台上。

“你在干什么呢？”我问。

“奶奶变成了星星，我想看看她在哪里……”说着，女儿便哭了。看着难过的女儿，我也不禁掉下了眼泪，然而就在这个失去婆婆的悲伤夜晚，我收到了婆婆送给我的一份珍贵礼物。

躺在床上辗转反侧的我，满脑子都是婆婆的身影。“请把你的爱撒向万物大地……”突然一串旋律带着歌词一起从天而降，犹如婆婆正在向我嘱托和叮咛着什么。“请把你的爱撒向万物大地”——或许，这就是婆婆最想向我表达的话语。

我把婆婆赠予我的这首歌取名为《万物大地》。一首歌，如果其中充满了爱，那么演唱时，这些爱就会自然地传给无数的人。现在，我总会唱起这首歌，在歌声中感受婆婆充满爱意的笑容。

“阳子，你的歌是最棒的！”婆婆似乎在永远微笑着为我加油、鼓劲。

将“宿命”变为“使命”，人生从此改变

一直以来，我都处在一个重大的误区中。

被宣告为宫颈癌时、失去子宫时、术后家庭遭到瓦解时……所有这一切，我都认为是自己的“宿命”，而“宿命”是永远无法改变的。我曾那样痛苦不堪，以为自己一生都无法从那无尽的黑暗和孤独中解脱。

然而我大错特错了！自从学会示弱后，身边无数的人都向我伸出了援助之手，于是我终于从黑暗和孤独中成功地迈出了第一步。如今，这微小的“一步”正在变为“数步”，自己的“宿命”也在渐渐地转化为“使命”。

如果能将“宿命”变为“使命”活下去，我的人生就会发生180度的大转折。

或许对我来讲，患上宫颈癌的结局曾是自己的“宿命”，但这又何尝不是让自己传递给更多人信心和勇气的“使命”呢？如果能这样考虑，我的人生道路就会不断向前，人生中会不断出现挑战。

如今，在讲演会或接受电台采访时，我都会毫不掩饰地讲诉自己的痛苦经历。我希望把自己的经历（宿命）讲诉给所有的人，让他们获得更大的鼓舞和勇气——这就是我的“使命”。同时，决定写这本书的目的，也是希望能够更好地完成自己的“使命”。

毋庸置疑，有些人的经历会比我更加惨痛，而有些人正在享受着舒适无比的生活。但是我想，无论是哪一类人，每个人都会拥有属于自己的“使命”。这个世上没有任何一个生命是多余的，我深信每一个生命都是带着自己的使命来到这个世上的。

“宿命”和“使命”，二者仅一字之差，然而我之所以能获得新生，就是因为我将“宿命”的“宿”改为了“使命”的“使”。现在我所有的生活和工作，也都来自这一个字的改变。

当一个人的“宿命”很强大时，他所经历的痛苦也会很大。这时，我们一定要将它改为“使命”，因为“宿命”越大，将其变为“使命”时所迈出的步伐也要越大。

同时，这巨大的一步会带动周围的人一同前进，这对于自己和他人来说，都极为珍贵和伟大。

你也会光芒四射

如果当初没有将“宿命”变为“使命”，就那样孤独、狭隘地活着的话，或许我早已不在人世。

作为宿命，一个人或许要接受自己最大承受限度的种种考验，所以，当宿命降临时，只要坦然接受这些考验并且顽强地克服重重困难，那么你就会变得坚强起来，同时把自己接受的种种考验转化为使命。

“你不是为自己活着，所以如果就这样死了，那就太可惜了！只要跨越眼前的痛苦，你就可以为那些同样遭受着痛苦的人们做许许多多的事情。为了将‘宿命’变为‘使命’，你必须经历眼前的这些苦难！”多少次，我曾默默地对自己这样说。

夫妻情感破裂、离婚、无工作、抑郁症……

曾经，癌症带给我的这些无尽苦难不时地向我袭来，但是我都拼命地将它们一一抵挡，并重新活了过来。正因为如此，如今面对那些同样处于痛苦漩涡中的人们时，我才可以发自内心地激励他们与自己一起顽强地活下去，为他们改变自己的宿命给予希望。

还有一点非常重要，那就是：将“宿命”变为“使命”之后，你会发现眼前的自己如此光芒四射，幸福也会不断降临于你。当想到自己可以完成使命时，对于过去那些痛苦经历的感激之情便会油然而生，哪怕是日常生活中那些极为细小的事情，我们也会怀着一种感恩的心去体会和品味，这些都会让你更加自信和幸福。

当然，人生不经历痛苦几乎是不可能的。因为只要活着，痛苦就必然会来造访，所以我们一定要沉着冷静地应对。或许，这些痛苦就是自己的“宿命”，既然如此，我们只要努力地把它变为“使命”即可。

正因为经历过孤独，才会理解和善待眼前同样孤独的人，也才会感激自己的孤独人生；正因为经历过离婚，才会安慰眼前同样因离婚而痛苦的人，也才会感激自己曾经的离婚经历；正因为经历过癌症，才会关怀眼前同样遭受着癌症病痛折磨的人，也才会感激自己曾经的病痛经历。

无论是癌症、抑郁症还是家庭破裂，所有的痛苦经历都应该被我们有效地利用起来，这样一来，无论今后再遭遇多大苦难，我们心中都不会有丝毫的胆怯和畏惧，而同时自己也会变得光芒四射。

人生需要“不败”的信念

小时候，母亲曾跟我讲过这样一句话：“每个人活着都要有自己的梦想。只要为实现自己的梦想而坚持努力，人就不会枉费一生。”

虽然我当时并没有太在意，但不知为何，至今我仍能清晰地记得这句话。而现在，我深信：梦想总会实现！从事联合国相关事务的梦想、成为一名歌手的梦想……这些我都圆满地实现了。如果让我从自己的经历中总结一点儿经验的话，那就是：不要消极地思考！

或许有人会感到莫名其妙，不解其意。确实，我们常常会说“要积极地思考”！或者“抱有必胜的心态，一切就都会实现”！但是，我自己本身却无法保持“必胜的心态”，我想会有很多人也同我一样。既然做不到“必胜”，那么我们就从“不败的信念”开始吧！

人生不能“常胜”，但可以“不败”！一个人只要活着，就一定会遭受挫折；只要行动，就一定会遭遇失败。而这时候，最重要的就是不要认为自己已经“失败”。如何才能做到这一点呢？秘诀就是“为他人而付出”！

一个人如果总是在为自己付出的话，一旦遭受挫折便会陷入自责的痛苦深渊，曾经的我也是如此。但是，如果为他人而付出的话，即使没有圆满成功，那也不能算作“失败”，所以自己内心的痛苦就会相对减轻。而且，如果自己一心在为他人而努力，就会遇到很多善良和优秀的人，你会从他们那里得到很多好的意见和建议，自己也会因此而感到开心和愉悦。不知不觉中，“积极的能量”会在相互间传递，而这“积极的能量”便是实现自己梦想的关键所在。

其实,“将宿命变为使命”的思维方式也是“不败的信念”之一。只要自己坚持不懈地努力,“使命”总会完成，并且最终将会成为自己的“命运”，因为“不败的信念”会开启自己的命运大门，让自己不断地向美好的梦想靠近!

信念决定一生!

跑完全程，眼前的风景会无限美丽

2010 年 12 月 12 日，我成功地参加了夏威夷檀香山国际马拉松大赛。

虽然由于工作原因，我赛前没有时间进行足够的练习，但我还是以 4 小时 53 分的成绩成功地跑完 42.195 公里的全程。对于初次挑战的选手来说，能在 5 小时之内顺利跑完全程极其困难，而我却做到了，这让周围的人非常惊讶。

能打破比赛记录，我的心情激动无比。然而最让我高兴的是，在这里，我又实现了自己多年以来的一个梦想。从成为家庭主妇开始，我就一直梦想自己有一日能跑遍那美丽的檀香山，而现在，我终于圆梦了！

这一年从秋天开始一直到年末，我的工作日程都安排得满满当当，唯独 12 月 12 号左右神奇地空闲下来，于是，这便成为了我决心参加比赛的重要契机。

赛前，虽然没有足够的时间进行全程训练，但是我曾多次在 15

公里范围内进行了练习。

著名艺人猫·弘（艺名）先生曾多次参加马拉松，因工作关系相遇时，我也会向他请教一些心得。但是，自己是否能顺利地跑完全程，其实我心中并没有十足的把握。

我练习跑步时从来不听音乐，因为这样我可以思考很多问题。每次跑在镰仓街道上，大海那湿润和清新的气息总会扑面而来，西边通红的晚霞也会将我映照。如今，恢复健康的我终于可以开始新的挑战，我的内心无比幸福！我沉浸在这幸福的愉悦中，一步一步地向前跑去……

由于前往檀香山参加马拉松比赛的选手太多，机票早已被抢购一空，我只能等有人退票才能订到。在各方朋友的帮助下，我奇迹般地预订到了机票，并在定居夏威夷以及在当地偶然相识的众多朋友的鼓励下，成功开始了自己有生以来的第一次全程马拉松。所有这一切的顺利实现都是因为“人与人之间的缘分”，这让我感到非常开心。

比赛当天清晨，我回首自己的过往人生，曾是那般跌宕起伏。

而如今，我终于能够克服所有精神和身体方面的困难，如愿站在马拉松梦想的起点，此时内心是那样感慨和激动！

在身为家庭主妇的那段时间，为了能够给身心倦怠的自己增添一丝生气，我决定参加10公里长跑比赛。其实那时，癌症就已在侵蚀着我的身体，但我却浑然不知。在晴天霹雳地被宣告为宫颈癌，而且在生死未卜的状态下接受子宫切除手术的五年之后，我顺利地活了下来，而如今就站在檀香山这美丽的土地上……

比赛开始了。

术后，伤口的疼痛让我长时间卧床不起，紧接着，在繁重的家务劳动和沉重的精神压力下，我又渐渐地陷入了抑郁症的痛苦深渊。那时的自己，无论是身体还是精神状态，都已处于崩溃的边缘。然而，我却从这无尽的苦难中成功地活了下来，而且还在此时此刻实现了一直以来的梦想，跑在这风景秀丽的檀香山大道上。所有的这一切都是那样来之不易，所以我脚下的每一步也都弥足珍贵……

比赛逼近中盘，我开始痛苦起来。

由于赛前进行了多次练习，所以前面的15公里我感到比较轻松，然而一旦跨过15公里，我的腿便开始很难挪动，可我依旧坚持着一步步地向前迈进。接下来，我的手脚如被撕裂般疼痛，而且疼痛一直持续不断。但是，我不能停下来，也决不能放弃！

痛苦难耐时，我便不由地将头低下，但马上又拼命地重新昂起……

“那么痛苦，你为什么还要坚持跑步？”中学时代，曾有同学不解地问我。

“跑步确实痛苦，而且特别无聊，但是跑完之后的感觉真是妙不可言！”那时，我这样回答。

此时此刻也是如此，而且生活也是如此。人生在世，痛苦无数，但我们仍然要努力地活着。

只要顽强地坚持，总会苦尽甘来。生活就如同马拉松比赛一般，翻过脚下的这道坡，或许展现在眼前的便是一道美丽的风景，而那时，你也会发现一个全新的自己。

不过，如果你只顾低头拼命前进，那么，美丽的风景也永远不会映入你的眼帘；只有昂首前进，你才会看到这美丽的一切，也包括这个全新的自己。

人生不需要争取“胜利”，只需“不败”即可。赛跑时间并不重要，重要的是自己能顽强地跑完全程。

在比赛开始之前，朋友曾鼓励我：“第一次挑战42.195公里的距离，中途肯定会出现行走的情况，虽然没关系，但是在行走的过程中，你一定要时刻记住：自己是在为了完成这42.195公里的全程而行走。所以，你一定不要泄气，坚强地走好每一步！”

朋友的这段话多次在我心灵深处回响，在他的鼓舞下，我始终没有停下脚步，一直朝着前方努力地跑着……

在来檀香山之前，对自己毫无自信的我曾多次打算放弃。

但是，在无数人的鼓励下，此时此刻，我已经踏上前进的道路，所以现在是该我拼命努力的时刻了！

大腿根部以下那撕心裂肺般的疼痛还在持续，好几次我就要趔趄止步。但是，我一直坚持着不让自己停下来，也不让自己行走，即使速度很慢，但依旧拼命向前跑着……

远远地，钻石山映入了我的眼帘。距离终点到底还有多远？我调整着呼吸，鼓励着自己不断前进。疼痛开始爆发，整个身体似乎就要炸裂。

终点还在遥远的前方，但是到达终点之后那美丽的风景，却在钻石山的上空清晰可见。

后记

“冬天来了，春天还会远吗？”这是我最喜欢的一句格言。

或许，我的冬天要比别人长一些。儿时遭受暴力的时候、患上宫颈癌的时候、离婚后成为单身妈妈并且患上抑郁症的时候、完全失去工作的时候……每一个瞬间都是我人生的巨大悲剧。

但是，冬天过去了，春天必定会来。待到春来时，那漫长冬天里的种种经历就会让自己艳丽绽放。

人生任何东西都有它的价值，只要活着，便是最大的奇迹！

结束语

千秋，还记得游乐园那个高高的过山车吗？由于过于刺激和恐怖，我们两个人都笑着哭出了眼泪，眼睫毛和眼影也随之全部脱落了下来，于是我们都变成了“假面骑士”，互相对望着哈哈大笑。其实，那时的我已经好久没有那样痛快地大笑了。

那时候，我每天服用着抗抑郁症的药物，工作也只有些许的起色。千秋你虽然是一名普通的白领，但也同样有你的痛苦，处于一种抑郁的状态。为了发泄郁闷情绪，我们两人便相约去了游乐园。记得就在从游乐园回来的路上，我们有过这样的对话：

“我想努力做一名歌手。千秋，你将来想做什么？”我问。

“我呢……其实想做一名美容美发师。”你答。

那时候，虽然拥有梦想，可我们两人都无能为力，甚至连“做梦”

的勇气都没有。

“那……你可以做我的美容美发师啊！”

“好啊！我愿意！要是真能实现，那就太好了！”

“到时咱们两个一起去演出！”

其实，我的内心没有任何信心，但是你爽快的回答却让我特别高兴。

五年之后的今天，在无数人的支持和鼓励下，我终于成为了一名创作型歌手。我拥有了自己固定的歌迷，他们每一次都会来参加我的演唱会，而演出之前为我担任美容美发的正是好友千秋。为此，我感到无比自豪和高兴！

唱歌之余，我也会参加各种各样的志愿者活动，虽然微不足道，但是正在一步一步靠近自己的梦想。其实，在从游乐园回去的路上，我还有一个愿望没有跟你讲，那就是写书。以前我一直抱怨，为什么只有自己如此倒霉。但是在经历了如此多的痛苦之后，我想：如果能够通过写书的形式，帮助其他正在经受磨难的人们，那岂不是更好？于是，我的这本书出版了。

曾经我觉得自己是那样孤独无助，但其实不然。如果看到这本书的你也有过这样的想法，那请你相信：你绝非孤单一人！

最后，我要向多年以来支持和关心我的老师、家人、朋友、同事、歌迷以及我心爱的女儿凌奈和生我养我的母亲表示衷心的感谢！如果缺少了你们其中的任何一个人，今天的我都不会站在舞台上歌唱，也不会有这本书的出版。

真的非常感谢大家！

连续 67 周荣登《纽约时报》畅销书排行榜
非虚构类第一名！

《人体使用手册》系列作者奥兹博士
真诚推荐！

书　　名：《神奇的肌肤能量书》
作　　者：【美】金柏莉·施耐德
出 版 社：新世界出版社

金柏莉的《神奇的肌肤能量书》应该成为新时代爱美女性的必读书！
——奥兹博士，美国王牌健康节目《奥兹秀》主持人
《人体使用手册》系列图书作者

食物在身体系统里停留越久，腐败和发酵的持续时间就越长，
所以身体健康主要在于速度：快速吸收食物营养，快速排出食物残渣，
减少食物在体内发酵、腐败胀气，为身体省下更多美丽能量用于修复皮肤损伤，
给皮肤补充光泽，让你时刻容光焕发。
因此，我们在进食时要先吃最轻的食物，
最后吃最重的，让食物可以尽快地通过身体系统，
这就是所谓的“从轻到重”原则。

你能给孩子们最好的礼物，就是他们与生俱来的幸福！

——池银庆

每一个孩子都是旷世巨匠！为了像个6岁的孩子那样画画，我学了整整一辈子！

——毕加索

书　　名：《幸福的孩子像西蒙和诺拉一样》
作　　者：【韩】池银庆
出 版 社：新世界出版社

作者有一次在比利时采访时，偶然遇到西蒙和诺拉一家，并对他们幸福的生活进行了为期一年的跟踪记录。本书中，作者将带领大家走进这个普通的比利时家庭，为我们还原真实的比利时中小学教育。

- 西蒙和诺拉最喜欢的地方不是别处，正是他们的家。
- 虽然科纳德和特里斯想让孩子们在最自由的氛围中成长，但有几项规定是必须严格遵守的，其中一项是睡觉时间。
- 孩子们把日常生活中发生的事情和朋友们一起分享，这种形式的教学可以让孩子们很快发现自身的才能，在幼年就朝着自己的梦想前进，家长们也就没必要去督促孩子学习了。
- 大家围坐在篝火旁吃晚饭，每个人都吃得饱饱的。天不知何时已经变黑，树与树缝隙间漆黑的天空中星星密布，晶莹闪烁。有时候阵雨会敲打帐篷顶部，爸爸妈妈就会将晾在树枝上的衣服收下来。眨眼间四周都淋湿了，但家人聚在一起睡觉的帐篷里却温暖而干燥。对西蒙和诺拉来说，猛烈的雨声也是他们酣甜的催眠曲……